Stéphane Garnier

W0213033

~~Agir et~~ penser comme Hannibal Lecter

À Max, dit « Mighty Max »,
en souvenir des nuits animales étoilées de notes de musique.

Sommaire épicurien

Avant de déguster

La philosophie de vie de *sir* Anthony Hopkins

Au menu d'Hannibal

En guise d'amuse-bouche

Entrées

Plats

Fromages

Entremets

Desserts

Café et digestifs

Bon appétit !

Note aux lecteurs

Expérience de lecture sensorielle

Je vous invite, si vous le désirez, à garder en mémoire durant votre lecture, la voix française d'Hannibal incarné par Anthony Hopkins. Notamment quand vous lirez ses lettres. C'est ainsi qu'elles ont été écrites, avec ses mots et son phrasé unique, pour être au plus près de ses pensées, de sa manière de les exprimer, pour être dans sa tête, au plus près de lui.

Peut-être entendrez-vous alors sa voix résonner au plus profond de vous, au cœur de votre partie animale, sagement enfouie.

Bonne lecture,

S. G.

Avant de déguster

La philosophie de vie de *sir* Anthony Hopkins

En incarnant le personnage du Dr Hannibal Lecter, né dans les romans de Thomas Harris en 1981, Anthony Hopkins a donné corps à un monstre, selon nos critères, mais aussi à la pensée d'un être humain augmenté par l'acceptation de son animalité.

La pensée singulière d'Anthony Hopkins dans les mots qui suivent se confond à s'y méprendre avec la psyché supérieure du Dr Lecter.

« C'est ce qui se passe si vous ne vous adressez pas à l'obscurité en vous. Vous êtes réprimé, déprimé et suicidaire. »
Anthony Hopkins

« Si vous ne suivez pas vos rêves,
vous pourriez aussi être un légume. »
Anthony Hopkins

« Ma philosophie est : ce n'est pas mon affaire ce que les gens disent de moi et pensent de moi. Je suis ce que je suis et je fais ce que je fais. Je n'attends rien et j'accepte tout. Et cela rend la vie beaucoup plus facile. »
Anthony Hopkins

« Il est comme une machine.
Il entre juste comme un requin silencieux. »
Anthony Hopkins à propos d'Hannibal Lecter

Au menu d'Hannibal

EN GUISE D'AMUSE-BOUCHE

« J'ai été interrogé par un employé du recensement. J'ai dégusté son foie avec des fèves au beurre et un excellent Chianti. »

Dr Hannibal Lecter,
Le Silence des agneaux, Jonathan Demme (1991).

Introduction aux méandres de nos pensées

« Résoudre un problème, c'est comme la chasse,
un plaisir de sauvage, et nous avons cela dans le sang. »
Le Silence des agneaux, Thomas Harris (1990).

« Le mal, c'est seulement être destructeur ? Si c'est aussi simple
que ça, les tempêtes sont malfaisantes. Le feu, la grêle.
Ce que les assureurs appellent des catastrophes naturelles. »
Le Silence des agneaux, Thomas Harris (1990).

Concevoir Hannibal Lecter comme un guide ? Presque un coach de vie ? Vraiment ? Ce monstre ? Ce phénomène ? Ce mystère ? Cet animal magnétique ? Le paradoxe s'invite de lui-même au simple fait de l'imaginer ainsi.

Pourtant, on peut se demander quels sont les moteurs qui animent le Dr Lecter, et en quoi ces moteurs peuvent nous servir, sans pour autant nous inciter à agir de même, à penser comme lui. Je me suis appliqué à disséquer son personnage, son être, sans scalpel. Pour quelles raisons Hannibal a-t-il su parler à tant de personnes aux quatre coins du monde ? En quoi ce personnage a-t-il pu nous inspirer, nous effrayer, nous toucher, tout autant que, quelque part, nous ressembler ? Faire ressortir le plus sombre de nous-même, tel n'est pas le projet de cet ouvrage. Bien au contraire. Chacun connaît sa face cachée, même si nous passons notre temps à la faire taire et à l'étouffer. Mais pourquoi ne pas l'accepter et l'explorer pour en faire jaillir le meilleur ? C'est peut-être sur ce chemin que le Dr Lecter peut nous emmener.

Accepter d'être qui l'on est sans oublier la part animale qui s'exprime en chacun de nous, pour apprendre en même temps à l'exploiter et à la canaliser.

Alors, êtes-vous plutôt Hannibal, animal ou cannibale ?

C'est la question que le Dr Lecter nous amène à nous poser, quand, à travers ces mots, il nous pousse dans nos retranchements et s'adresse à notre part la plus intime.

Il ne s'agit pas d'excuser ses actes, mais de comprendre. Non pas ce qu'il est, je laisse cela aux experts de l'analyse psychiatrique, mais de découvrir ce qui l'anime, et ce en quoi il nous parle, il nous ressemble, ce pour quoi Hannibal Lecter a tant fasciné le monde entier. Est-il parfois au fond de nous une part d'Hannibal, d'animal, de cannibale, au sens figuré ? Peut-être un peu des trois, parfois...

Qui voudrait d'un tueur en série, d'un cannibale, en guise de guide spirituel ? Et pourtant... Approchez-vous chers lecteurs, approchez-vous chères lectrices, approchez-vous cher Lecter... À présent, prêtez l'oreille à la petite voix qui chuchote au fond de vous, non, ce n'est pas le diable, non... Mais la part étouffée de ce qui pourrait faire de vous un grand tout. Il nous arrive à tous de boiter un peu chaque jour dans nos vies, nous le ressentons à chaque pas. Et pourtant il faut cultiver le soleil, les sourires, voire une forme de résilience béate de chaque instant.

Mais notre intuition nous rappelle que la vie, comme les êtres, n'est pas faite uniquement de cet optimisme volontaire et souriant. Nous le savons, nous le voyons, nous le sentons. Ne serait-il pas plus simple d'accueillir et d'accepter l'autre pan qui a construit notre personnalité ? L'accepter, non pour faire jaillir les mauvais travers que nous possédons tous au plus profond de nous – c'est notre dualité – mais juste pour les amadouer, les canaliser de façon positive et les mettre au service de notre vie. Celle qu'enfin nous pourrons mener dans toute son entièreté, sans plus jamais nous mentir à nous-mêmes.

Faut-il, comme Hannibal, se transcender pour enfin devenir soi-même ? Et ainsi, avoir une vision du monde et de la réalité non tronquée, sans filtre, honnête ? Accepter sa part sombre pour être entier ? C'est la proposition d'Hannibal, qui nous invite à dépasser notre humanité, quand elle a oublié sa nature profonde, en retrouvant l'animal qui est en nous.

Pour comprendre ce que, à mon sens, le Dr Lecter a à nous offrir, il fallait retrouver sa trace entre les mondes réels et imaginaires. Je suis alors parti à sa recherche, sur les réseaux, pour savoir si, quelque part encore, il existait.

Et quelle ne fut pas ma surprise !

« Ce n'est pas facile d'accepter que quelqu'un qui ne vous veut pas du bien puisse vous comprendre. »

Le Silence des agneaux, Thomas Harris (1990).

Lettre d'Hannibal

Entre les lignes

Cher Stéphane,

J'ai lu avec attention ce livre que vous avez publié, en espérant, je pense, qu'il me parvienne. Il m'est parvenu. Le hasard, s'il en est, fait bien les choses, quand on se donne la peine de l'encourager. À l'aube des dernières années qu'il me reste, j'ai été étonné que l'on se penche encore sur mon itinéraire de vie. Voilà bien longtemps que j'évolue dans une parenthèse d'existence, dans une parenthèse de monde, au milieu même des hommes et pourtant si loin d'eux. Qui êtes-vous ? Et pourquoi cette volonté de dévoiler au grand jour les véritables moteurs qui m'ont animé, quand chacun ne voit en moi qu'un monstre, et n'a retenu de mes actes qu'une forme d'horreur aboutie et si rassurante dans sa manière d'agir ? Mais qui incarnait réellement l'horreur, à bien lire entre les lignes ? C'est ce que vous tentez de discerner. Je vous en remercie.

Vouloir traverser le miroir est osé, quand on ne sait dans quelle forme de psychologie on va poser le pied. Le retour est-il possible ? Le miroir ne risque-t-il pas de se refermer derrière vous ? Quel désir vous a poussé à me chercher ? Comment avez-vous su que quelque part encore j'existais ? Et ces lignes

que vous avez tracées autour de ma personnalité peuvent-elles avoir un écho auprès des autres Hommes ? Depuis ces dernières décennies, l'ordre des humains aurait-il quelque peu évolué ?
Auraient-ils, sans que je m'en rende compte car reclus dans l'exil de mes pensées, réussi, pour certains, à se transcender ? À accepter le mensonge dans lequel ils ont été construits et la vérité animale de ce qu'ils ont toujours été ?
Troublante lecture que vous me proposez.
Ressentir au terme de sa vie que l'on a peut-être été utile, mais cela a-t-il jamais été ma volonté ?

Avec mes meilleures pensées,

Dr H. L.

L'ouverture à toute opportunité

D'après Hannibal Lecter

Dr Lecter : « Vous travaillez pour Jack Crawford, n'est-ce pas ? »
Clarice Starling : « Oui, en effet. »
Dr Lecter : « Puis-je voir votre accréditation ? »
Clarice Starling : « Certainement. »
Dr Lecter : Plus près je vous prie. Plus près... »
Elle approche de la vitre.
Dr Lecter : « Cette carte expire dans une semaine. Vous n'êtes pas du FBI, je ne me trompe pas ? »
Clarice Starling : « Non, je suis encore élève à l'Académie. »
Dr Lecter : « Jack Crawford m'envoie une élève, à moi... »
Clarice Starling : « Oui, je suis étudiante, j'ai beaucoup à apprendre de vous, mais vous êtes seul juge. À vous de décider si je suis suffisamment qualifiée. »
Dr Lecter : « Entrée en matière tout à fait habile, agent Starling. Asseyez-vous, je vous en prie. »

Le Silence des agneaux, Jonathan Demme (1991).

Garder les portes ouvertes. Même dans le cas du Dr Lecter, qui se sait piégé ou manipulé, mieux vaut laisser entrer pour savoir qui tire les ficelles, ou apprendre encore, avec humilité même si, comme ici c'est une élève qui se présente devant le maître. Qu'a-t-il à perdre ? Il a conscience de son savoir, de sa supériorité intellectuelle, mais cette visite inopinée est un fin rayon de lumière dans son quotidien emmuré, sans fenêtre. Il n'a rien à attendre, rien de plus que la fébrile présence de l'agent Starling, et peut-être à travers elle, l'éventualité d'un changement.

Si Hannibal Lecter est précieux, il n'est pas pédant. Il sait que les échappatoires et les solutions ne se trouvent pas toujours dans la complexité d'esprit ou les concepts supérieurs. Même s'il joue quelque peu avec elle dans cet échange, ce n'est pas à l'étudiante fraîchement sortie de sa promotion du FBI qu'il offre un sauf-conduit, un accès au savoir du maître : c'est à lui-même qu'il donne une chance. Mais à cet instant, lui seul en a conscience.

Quel est notre premier réflexe, lorsque nous nous retrouvons dans une impasse ? Que ce soit un problème d'ordre financier, amoureux, professionnel : que faisons-nous en premier ? Vers qui nous tournons-nous ? Vers ceux qui peuvent, ceux qui savent, ceux qui ont plus de connaissances ou plus de pouvoir que nous. C'est bien normal, me direz-vous, d'aller chercher la solution auprès de ceux qui en savent apparemment plus que nous... Les « sachants » : ceux qui ont traversé la même problématique, la même expérience. Cela peut être utile pour nous épancher, pour être compris. Mais ces personnes sont-elles réellement celles qui apporteront la solution à un divorce, à la perte d'un être cher comme à un licenciement ? Rien n'est moins sûr. Au mieux, nous serons écoutés. Au mieux, nous découvrirons la démarche titubante que cette personne a dû emprunter pour s'en sortir, à situation *presque* équivalente. Presque ! En effet, car il existe plusieurs questions à se poser en cherchant la solution auprès de ces « sachants » :

- La situation est-elle vraiment la même ? Jamais. L'issue qu'aura connue cette personne ne pourra donc que partiellement s'adapter à notre problème personnel.
- Cette personne s'en est-elle vraiment sortie, ou profite-t-elle de notre demande pour nous ressasser son histoire une énième fois en soupirant ?
- Qui des deux rassure l'autre, à moins que l'écho commun ne soit : « Je ne suis pas seul à vivre cela. » En quoi une solution peut-elle alors survenir ?
- N'y a-t-il pas un risque à se retrouver enfermé dans un entonnoir, à rabattre encore plus ses œillères sur la situation ? Comment alors être capable de prendre du recul sur son importance ou même d'adopter un angle de vue différent ?

Les issues ne se trouvent pas toujours derrière la porte en haut de l'escalier que nous croyons devoir gravir. Elles se dissimulent parfois dans le rai de lumière qui filtre sous la porte du palier où nous nous trouvons : juste à nos côtés. Hannibal sait qu'il ne pourra jamais s'adresser à ceux qui ont le pouvoir de le faire sortir : ni le juge, ni le directeur de la prison. Inutile de tenter. Mais, dans le cliquetis des souliers de l'agent Starling avançant dans le couloir, avant même qu'elle lui demande quoi que ce soit, il sait qu'à travers cette étudiante sans aucun pouvoir pour le libérer de son enfermement à vie, une lueur peut jaillir. Accueillir chaque nuance d'espoir, aussi faible soit-elle, comme une opportunité peut s'avérer bien plus utile que de s'adresser aux sachants, en pensant qu'ils pourront nous offrir une solution prémâchée.

Il peut être beaucoup plus constructif, pour prendre de la distance et chercher une issue, d'exposer notre dilemme à des personnes neutres sur le sujet. Elles auront en effet un éclairage et un avis peut-être plus objectifs, qui nous permettront d'avancer et de nous remettre en question. Qu'avez-vous à perdre à écouter quelqu'un qui, de votre point de vue, ne pourra pas vous comprendre ? Quel est l'objectif, pour vous comme pour Hannibal ? Être entendu ? Compris ? Ou être aidé et trouver votre chemin vers la sortie ?

Au regard de cette perspective,
comment vous sentez-vous à cet instant ? Plutôt…
Hannibal, animal ou cannibale ?

Comme le dit le Dr Lecter en souriant :
« Ceci n'est ni un jeu, ni un test. Il n'est aucune mauvaise réponse, mais un choix de vie. »

Et dans le regard d'Hannibal on peut lire…

« Saisissez votre opportunité, saisissez votre liberté. »

Lettre d'Hannibal

Le clonage des agneaux

Cher Stéphane,

Vous m'avez demandé si moi-même, je me considérais comme un fou, un monstre. C'est ce qu'ont pensé la plupart des gens à l'époque. Pourtant, contrairement à la majorité d'entre eux, je n'ai fait qu'assumer ma propre nature, ma vraie nature. Me copier serait ridicule tant nous sommes tous uniques en notre genre, si tant est que nous respections ce que nous sommes. Uniques, certains plus que d'autres quand je vois se cloner chaque jour la pensée formatée de mes contemporains. Clonage des corps, clonage des pensées, clonage des genres, clonage des âmes. Un grand lissage.

Au final, on pourrait même commencer à recenser le nombre d'humains en tant qu'êtres uniques qui s'assument dans notre monde. Combien sont-ils réellement ? Nous sommes pourtant de plus en plus nombreux sur cette Terre, trois êtres de plus mettent le pied sur le sol de notre planète toutes les deux secondes, toutes formes de mortalité comprises dans ce calcul. Mais à quoi bon, quand les individus ne naissent plus que d'une photocopieuse génétique ? Je n'ai pas de haine pour eux, pas même un désir gustatif. J'en plains beaucoup, même si je continue à cultiver une certaine compassion pour mes contemporains qui le méritent, dans leur effort à être.

Aurai-je l'occasion de connaître l'avènement de l'être humain augmenté, non par la technologie, mais par sa psyché ? J'ai toujours su ne pas appartenir à l'ordre des moutons que l'on dirige comme un troupeau jusqu'au bord de l'abîme d'où ils doivent se jeter. C'est en ce sens que le silence des agneaux m'a toujours glacé. Le silence des humains que l'on manipule à volonté.

Êtes-vous de ces agneaux ?

Demandez à vos lecteurs.

Et peut-être qu'à travers ces lignes, au milieu du silence, vous finirez par entendre la petite musique de chacun d'entre eux s'éveiller.

Amicalement,

Dr H. L.

Voir la beauté du monde

D'après Hannibal Lecter

Dr Lecter : « À présent dites-moi, dites-moi ce que Minx vous a dit, l'imprévisible Minx de la cellule d'à côté. Il a susurré quelque chose, dites-moi ce qu'il a dit. »
Clarice Starling : « Il a dit : je renifle ta chatte. »
Dr Lecter : « Je vois. D'ici, ce n'est pas aussi facile. *(Il hume à travers les trous de la vitre.)* Vous utilisez une crème de jour à la camomille, et vous portez parfois *L'air du temps*, mais pas aujourd'hui. »

Le Silence des agneaux, Jonathan Demme (1991).

Hannibal Lecter, sous ses airs de monstre, est un être fin d'esprit que la vulgarité et la bestialité de certains de ses contemporains répugnent profondément. Il a les mots, les manières d'un autre temps, et ne supporte pas qu'on manque de respect à une dame. Pour autant, il ne va pas réconforter Clarice en se mettant en colère contre son voisin de cellule, ou en le menaçant. Il va l'apaiser en prêtant attention à la délicatesse de sa féminité, à son odeur légère, tout juste perceptible, comme pour l'enchanter. On peut y voir le début d'un jeu de séduction, comme pour l'apprivoiser, mais la sincérité de ses mots relève plus de l'envie, à cet instant, de lui déposer son manteau sur les épaules, de la réchauffer, pour la réconforter. Instant suspendu dans les mots d'Hannibal, petite parenthèse de délicatesse au milieu de la boue qui les entoure.

Savoir transformer le dégoût en ravissement, savoir apaiser, et ainsi montrer que tout dans le monde ne se résume pas à une mauvaise expérience. Encore faut-il être capable de le voir, de le concevoir et, comme Hannibal, avoir la capacité de le ressentir et de l'exprimer. À observer l'accélération des horreurs qui se chassent l'une l'autre chaque jour dans les journaux télévisés, la surenchère de la vulgarité, de l'outrance menant jusqu'aux pires atrocités, il est de quoi parfois déstabiliser notre foi en la nature humaine. Que l'on parle de politique, de religion, de faits divers, d'obscurantisme, de complotisme, de pure folie meurtrière, ou d'exhibitionnisme effréné sur le petit écran, juste pour se sentir exister, sans aucune limite, sans plus aucune humanité souvent, comment ne pas voir le reflet de l'horrible Minx se répéter à chaque coin de rue dans notre société ? Et pourtant, aussi nombreux puissent-ils être, les exemples ne peuvent faire généralité.

Ils ne sont que des pointillés.

Tous les meurtriers ne sont pas fous et tous les fous ne sont pas meurtriers. Ceci peut se décliner sur tous sujets. En ce sens, tous les accusés ne sont pas coupables et tous les coupables ne sont pas accusés. Parvenir à éclaircir le ciel qui s'assombrit chaque jour d'un exemple d'horreur que l'on transforme en généralité est un exercice de volonté. J'allais dire d'honnêteté quand il est si aisé de condamner sans que justice soit rendue, et par la suite de généraliser par bêtise, confort intellectuel ou simple médiocrité. L'horreur humaine est en elle-même suffisante dans ses germes, pour que l'on ne passe pas notre temps à brasser son terreau, à la ressemer, jusqu'à finir par recouvrir la terre entière de son fumier.

Voir le beau quand on patauge dans la boue quotidienne des pires travers humains n'est pas chose aisée ; c'est pourtant le seul endroit où notre regard doit se poser. Non pour ne pas voir et se cacher des abominations, mais pour que le plus beau de notre monde et de ce que nous sommes puisse encore exister.

À ne plus voir que la laideur, elle finit par être la seule à exister. Parvenir, comme Hannibal, à discerner la beauté qui scintille encore, c'est lui permettre d'exister.

Nous pouvons tous poser notre regard ainsi, sur ce qui vaut la peine d'être observé, soutenu, encouragé, sur ce qui vaut la peine d'être vécu, sur ce qui vaut la peine d'exister. Ce n'est pas fermer les yeux, mais savoir nous repositionner dans un monde où l'on fait entrer de force les jugements, comme les mentalités, dans un tunnel sans fin dont la lumière ne fait que s'amenuiser.

Qui sera là demain pour encore montrer du doigt à nos enfants à quel point le monde est beau, la vie est belle, s'il ne reste plus pour décrire la nature humaine que l'haleine effroyable de Minx, et qu'aucun poète à la hauteur d'Hannibal ne sait souligner et faire découvrir que cette odeur s'évanouit sous la délicatesse d'une fragrance de parfum que l'on aura su détecter ?

Au regard de cette perspective,
comment vous sentez-vous à cet instant ? Plutôt…
Hannibal, animal ou cannibale ?

Comme le dit le Dr Lecter en souriant :
« Ceci n'est ni un jeu, ni un test.
Il n'est aucune mauvaise réponse, mais un choix de vie. »

Et dans le regard d'Hannibal on peut lire…

« La beauté est vie. La cultiver est un devoir. »

Lettre d'Hannibal

La faim

Cher Stéphane,

Vous me demandez : « Pourquoi manger mon prochain ? » C'est simple : parce qu'avant cela, j'ai tenté de l'aimer. Mais aimer son prochain, dans ce que l'on considère comme le mode de fonctionnement Humain – avec un grand H, avec tout ce qu'il porte de belle humanité –, ne relève que d'une dialectique ayant pour objectif de nous faire courber l'échine, nous faire moutonner. Je n'étais pas fait pour cela. À chacun ses petits travers, ses secrets, ses pulsions refoulées. J'ai vécu les miennes avec discernement dans le choix de mes proies. Des êtres vils, pour que le mal de mes actes, selon le jugement de la société, serve au moins quelques intérêts.
Mais je vous retourne la question : « Pourquoi écrivez-vous ? » En quoi cela vous est-il nécessaire, en quoi cela est-il utile pour les autres ? Pour cette belle Humanité ? Comme tout auteur, vous écrivez avant tout pour vous, et le temps faisant son œuvre, vous vous êtes mis à écrire dans l'espoir de participer à un bénéfice collectif, avec ce désir de, peut-être, pouvoir être utile, d'aider. L'envie irrépressible, elle, vous reste personnelle, secrète, et le besoin incontrôlable d'écrire chaque jour porte

en lui-même le sceau de ce que vous êtes. Vous n'y pouvez rien. C'est la force qui vous meut, qui vous tient debout depuis l'enfance. Peut-être est-elle moins destructrice que la mienne, et encore, cela pourrait se discuter sur les bases mêmes du bien et du mal, mais il n'en reste pas moins que vous êtes contraint de lui obéir, d'assouvir ce besoin. Quelle différence entre nous ?

Si peu, voire aucune quand, à vous lire, je perçois l'immensité que vous aimeriez parcourir et le peu d'espace qui vous est alloué. Et pourtant vous continuez, parce que comme moi vous avez faim, de ce que vous êtes, de ce dont vous rêvez, parce que comme chacun, vous et moi, il nous faut manger.

À quel moment s'arrête la faim, quand elle est seul moteur ?

Et quelle nuance faut-il encore apporter entre acceptation et acceptabilité ?

Je vous souhaite, un jour, la virgule de retraite que j'ai réussi à m'octroyer, la parenthèse de vie qui permet d'observer avec plus de sérénité ces fêlures de l'âme que l'on ne parvient jamais à combler.

Amicalement,

Dr H. L.

ENTRÉES

« L'étrange convergence des événements
n'a pas pu vous échapper, Clarice.
Jack Crawford vous agite devant moi
et je vous offre mon aide. Pensez-vous
que c'est parce que j'aime
vous regarder en imaginant le plaisir
que j'aurais à vous déguster, Clarice ? »

Dr Hannibal Lecter
Hannibal, Ridley Scott (2001).

Une liberté inconditionnelle

D'après Hannibal Lecter

Clarice Starling : « C'est vous qui avez fait tous ces dessins, Docteur ? »
Dr Lecter : « C'est le Dôme vu du Belvédère. Vous connaissez Florence ? »
Clarice Starling : « Vous êtes capable d'autant de détails uniquement de mémoire ? »
Dr Lecter : « La mémoire, agent Starling, c'est ce qu'il me reste à défaut d'une vue. »

Le Silence des agneaux, Jonathan Demme (1991).

Enfermé depuis de longues années entre trois murs de pierre et une vitre donnant sur un autre mur de pierre, le Dr Lecter se trouve en cage, traité comme une bête sur laquelle on s'accorde tout pouvoir, moins bien qu'un animal. Sans fenêtre, il n'a conscience ni du jour ni de la nuit, seulement des heures du planning de roulement des gardiens. Sans vue, il n'appartient plus au monde réel, de quoi devenir fou pour n'importe lequel d'entre nous en seulement quelques semaines.

Pourtant, loin des besoins de son enveloppe corporelle et d'une psychologie nourrie seulement par le paysage du monde, Hannibal parvient à construire un univers intérieur dans un calme olympien. Le Dr Chilton s'échine à inventer d'innombrables artifices de torture pour l'asservir psychologiquement, mais rien n'y fait. Comment briser un homme capable de s'extraire du monde réel, de sa propre chair, pour s'inscrire uniquement dans le monde de sa pensée ?

Même enfermé, sans fenêtre, personne ne peut ôter au Dr Lecter sa profonde liberté.

En quoi cela peut-il nous interroger, puisqu'aucun d'entre nous ne vit dans les conditions d'Hannibal ? Mais avant tout, en sommes-nous si sûrs ? Sommes-nous aussi libres que nous pensons l'être ? Nous avons cette illusion de liberté quand nous suivons et respectons à la lettre tous les codes, les principes, les lois et la pensée collective qui nous sont imposés.

C'est parfois en y dérogeant, même à la marge, que nous prenons conscience des limites fragiles et bornées de notre liberté, quand s'élèvent les directives et même la voix unique de la masse pour nous faire rentrer dans le rang d'un grand moutonnage dont Hannibal a su s'affranchir.

Sommes-nous si libres, plus libres que lui finalement ? À travers notre fenêtre, nous voyons le monde s'agiter, sans parfois parvenir à nous y projeter, à nous y intégrer. C'est bien la question de la liberté qu'évoque ici Hannibal, de notre liberté, et de ce que nous en faisons. Cette liberté qui n'est pas offerte ni gratuite, si elle n'est pas cultivée, si l'on n'en repousse pas les limites, quand on est tout juste bon à suivre la ligne dessinée, en rebondissant sur les murs qui longent cette pseudo-liberté.

De tout temps, la liberté individuelle pleine et entière a été considérée comme dangereuse par les dirigeants et les manipulateurs, dans la construction de nos sociétés. Il a fallu construire une autre liberté, balisée par quelques règles, puis, des normes, des lois, et les directives se sont empilées à l'infini pour condamner le moindre interstice par lequel les individus risquaient encore de s'échapper.

Il faut un cadre et des règles pour vivre en communauté, c'est acquis. Mais quand les murs viennent à se rapprocher toujours plus, en quoi notre pseudo-liberté d'agir et d'évoluer ne ressemble-t-elle pas à la cellule dans laquelle Hannibal se trouve enfermé ?

Ne faut-il pas savoir, comme lui, s'extraire parfois du monde que l'on connaît pour mieux l'observer ?

Le voir pour ce qu'il est, une forme de liberté conditionnée.

Ne faut-il pas, comme lui, nous projeter dans notre imaginaire pour qu'un jour, ce rêve de liberté, cette vue, deviennent réalité au détour d'une rencontre que nous aurons faite ?

La liberté que nous avons en tête, personne ne peut nous en priver. Aucun être libre d'esprit ne peut être enfermé, mais aucun être libre de ses mouvements ne l'est vraiment, s'il s'est laissé enfermer par des pensées imposées.

Au regard de cette perspective,
comment vous sentez-vous à cet instant ? Plutôt…
Hannibal, animal ou cannibale ?

Comme le dit le Dr Lecter en souriant :
« Ceci n'est ni un jeu, ni un test. Il n'est aucune mauvaise réponse, mais un choix de vie. »

Et dans le regard d'Hannibal on peut lire…

***« Seuls les animaux sont libres.
Notre part animale est notre part de liberté. »***

Lettre d'Hannibal

Les possibles

Cher Stéphane,

Dans vos mots, vous tentez de comprendre, vous cherchez des réponses, sur vous, sur moi, sur la vie, les Hommes, et ce malheureux monde. Vous me questionnez sur les possibles de nos existences car vous avez conscience que tout est possible, le meilleur comme le pire, et même ce qui reste encore inconcevable par nos cerveaux volontairement bridés. Se questionner est déjà un grand pas. Sommes-nous prêts à tous les possibles ? Rien n'est moins sûr. Mais j'aimerais vous poser cette question : et si les possibles n'étaient qu'une illusion ? Et si les possibles n'existaient pas ?

Tous les possibles que nous concevons intellectuellement pour tenter de répondre à cette fameuse question qui, de tout temps, a agité notre existence : Pourquoi ? Pourquoi sommes-nous là ? Pourquoi vit-on ?

Tous les possibles que nous avons découverts, inventés, conçus, interprétés, ne sont que des hypothèses de réponse à cette question.

On peut alors concevoir que l'imaginaire n'est qu'un leurre, qu'il produit des hypothèses et des réponses à chaque fois remises en question, à propos d'une interrogation qui n'existe pas, le fameux « pourquoi ». Le « pourquoi » n'est peut-être, pour imager mon propos, que la cape rouge que le torero agite sous le nez du taureau. Taureau qui cherche par tous les moyens à se saisir de la cape, à répondre au « pourquoi ». Sans voir le torero, ni ses piques, ni son épée, ni le public qui gronde, ni sa mort programmée.

Et si ce fameux « pourquoi » n'était qu'un leurre, pour nous détourner d'autre chose ?

Juste pour dissimuler, pendant ce tour de manège qu'est la vie, la pointe de l'épée qui se retrouve fatalement plantée dans notre front comme dans l'échine du taureau.

La mort. La mort, malgré toutes les tentatives, toutes les questions, tous les chemins empruntés, tous ces possibles explorés. La mort, cachée derrière un florilège d'hypothèses philosophiques, scientifiques, métaphysiques, autant de microévolutions de nos cerveaux atrophiés. Les possibles ne sont, dans ces conditions, qu'un écran de fumée rassurant, pour des consciences humaines agonisantes, pétrifiées. Que verrait le taureau sans la cape ? Que ferait le taureau sans les piques lâches des cavaliers qui lui tournent autour ?

En ce sens, la vie d'un être humain peut être considérée comme une mise à mort programmée. La vie humaine n'est peut-être qu'une tauromachie. Les piques pour les souffrances, le rouge pour l'angoisse et l'énervement de la cape en guise de « pourquoi ».

Comme si le « pourquoi » était une fin en soi.

Les chemins empruntés dans nos vies ressemblent de si près aux feintes pour encorner la cape. Les hypothèses, pour percer le mystère du « pourquoi », ne sont alors peut-être qu'une gesticulation inutile pour atteindre un but qui n'existe pas. Le toréador agite sa cape comme la faucheuse son « pourquoi ». L'angoisse de la mort qui nous attend nous pousse à chercher, à vouloir comprendre, le temps d'une vie, le temps de faire oublier la main qui sème le mirage, juste le temps nécessaire pour faire oublier la mort. Les possibles sont, d'une certaine façon, la quête inutile de toute une vie, à travers les sciences, les religions, les expériences, les croyances, les fantasmes. Ils remplissent notre existence en nous permettant d'oublier la mort.

Mais la tauromachie possède aussi un public, nombreux, avide de sang. Je me demande qui nous regarde lorsque nous nous débattons avec nos possibles devant la cape du grand « pourquoi ». Je me demande quelle saveur peut avoir ce spectacle, et pour qui ? Qui, nous, fébriles âmes humaines, pouvons-nous à ce point divertir ?

Nous ne sommes peut-être qu'un spectacle sans public, un spectacle dont personne ne déguste même la viande. De vieilles carnes desséchées en fin de vie. Ce n'est pas la viande, mais bien le spectacle, la mise à mort de chaque être humain qui attire. Les possibles ne sont alors plus qu'une nourriture intellectuelle pour faire durer le spectacle, et multiplier encore les coups de cornes dans le « pourquoi ».

Sur le chemin des possibles, par moments, j'ai entendu des voix. Peut-être était-ce le public qui râlait à chaque fois que je manquais la cape rouge sans voir le toréador. À chaque possible, je passais si près du « pourquoi » que je ne m'apercevais pas que j'étais au centre de l'arène, seul, me croyant fort et indestructible, me croyant éternel, alors qu'aux yeux de tout le public, j'étais comme les autres, condamné à vie. Obnubilé par mon « pourquoi » qui n'existait pas, incapable de discerner la pointe de l'épée lorsqu'elle me piquait, je ne voyais pas le public qui se levait pour encourager la mort pailletée se jouant de moi. La mort qui, seule, décide de l'instant où pour clore le spectacle de nos gesticulations, elle décidera de nous achever.

Le possible, en réalité, est qu'il n'existe pas de « pourquoi ».

La mort n'est qu'une injustice parmi d'autres. Autant s'en remettre à elle le moment venu, mais cela ne nécessite en rien de la laisser diriger nos vies.

Amitiés lointaines,

Dr H. L.

La nature profonde des choses

D'après Hannibal Lecter

Dr Lecter : « Qualité principale, Clarisse : la simplicité. Relisez Marc Aurèle, et demandez-vous à chaque instant comment sont les choses, quelle est en fait leur véritable nature. Que fait réellement ce meurtrier que vous recherchez ? »
Clarice Starling : « Il tue des femmes ? »
Dr Lecter : « Non, ça, ce n'est qu'une incidence. Quelle est sa première motivation, à quel besoin se sent-il contraint d'obéir ? »
Clarice Starling : « La colère ? La société, le rejet perpétuel... Trop de frustrations sexuelles... »
Dr Lecter : « Non ! La convoitise. Voilà sa vraie nature. Et d'après vous, où commence la convoitise ? Cherchons-nous des choses à convoiter ? Faites un effort, répondez-moi. »
Clarice Starling : « Non, nous commençons... »
Dr Lecter : « Non, nous commençons par convoiter ce qui nous entoure. Ne sentez-vous jamais un regard se poser sur votre corps ? Et votre regard s'attarder sur ce que vous désirez ? »
Clarice Starling : « Peut-être, oui... »

Le Silence des agneaux, Jonathan Demme (1991).

En mettant l'agent Starling sur la voie pour qu'elle avance dans son enquête et découvre le visage du tueur, Hannibal parle aussi de lui. Pour comprendre profondément les personnes comme les événements, la simplicité reste toujours la meilleure solution. Il faut revenir à la véritable nature des choses.

Quel est le moteur réel du meurtrier sur lequel elle enquête ? Et, pour creuser cette question, quel est celui d'Hannibal ? Happés dans l'intrigue haletante, hypnotisés par l'intelligence et les mots découpés au scalpel du Dr Lecter, nous n'avons pas réalisé, pas plus que l'agent Starling, ce qui animait profondément Hannibal. De longue date, il a regardé en face sa part d'âme la plus sombre pour l'accepter comme faisant partie intégrante de sa personnalité, de son être. Comme chaque être, il n'est ni bon ni mauvais, mais bon ET mauvais.

Pour ce qui nous concerne, acceptons-nous réellement d'être à la fois bon et mauvais dans notre personnalité ? Dans nos actes ? Dans nos pensées ? Ce que l'on qualifie parfois de jardin secret, ne relève-t-il pas d'un jardin où tous nos fantasmes, les meilleurs, les pires comme les plus inavouables, se retrouvent enfermés ? Nous avons tous conscience de ne pas être entièrement honnêtes avec les gens que nous fréquentons, même les plus proches, pour ce qu'il est de la personne que nous sommes. Nous enfilons un costume, parfois un masque pour correspondre à l'individu que nous voulons montrer au reste du monde, comme à celui que nous voulons – *voudrions* – être. Pour autant, si nous mentons au monde qui nous entoure, ne nous mentons pas aussi dans le même temps à nous-même ? Dans nos véritables désirs, nos fantasmes, nos pulsions ?

Revenir à la véritable nature des choses... revenir à ce que nous sommes tous individuellement, d'anciens animaux qui ont évolué, avec toutes leurs carences, leurs regrets, leurs joies, leurs colères et leur complexité. Revenir à la véritable nature des choses... la vérité profonde de ce qui fait de nous ce que nous sommes, avec toutes les différences issues des expériences personnelles que nous avons pu traverser.

Hannibal a franchi le cap de sa nature profonde afin de l'accepter, pour le pire, afin de devenir l'animal magnétique, plein, entier, qui a su fasciner, depuis des décennies, des générations entières à travers le monde. Bien sûr que son versant extrême de cannibale ne peut tenir lieu d'exemple de vie, bien au contraire. Mais le message qu'il nous adresse en filigrane n'est-il pas de nous émanciper de notre condition ?

Simplement accepter et regarder en face toutes les facettes de notre personnalité sans en omettre aucune, ni camoufler certains de nos penchants les plus inavouables au regard de la bonne société. Hannibal nous invite à assumer notre nature profonde, dans le plus grand secret, individuellement.

N'est-ce pas là ce qui nous fascine ? N'est-ce pas là ce qui nous façonne ?

Au regard de cette perspective,
comment vous sentez-vous à cet instant ? Plutôt…
Hannibal, animal ou cannibale ?

Comme le dit le Dr Lecter en souriant :
« Ceci n'est ni un jeu, ni un test. Il n'est aucune mauvaise réponse, mais un choix de vie. »

Et dans le regard d'Hannibal on peut lire…

« La nature profonde d'un Homme se mesure à son engagement dans la Vie. »

Lettre d'Hannibal

La machine humaine

Cher Stéphane,

Au fil des années, j'ai fini par ressentir parfois l'inutilité profonde de chaque geste que nous faisons, le crime du futile, et l'extrême-onction de la suffisance. Nous sommes des organismes subtils, et avec quelques degrés de plus ou de moins, dans notre corps comme à l'extérieur, nous disparaissons. Et pourtant, nous ne considérons que le « je », la machine parfaite, l'Homme, ballon baudruche qui inspire, expire pour mieux polluer l'air. Nous sommes la machine humaine, nous palpitons, nous doutons, nous réfléchissons. Constructions mentales parasites à travers lesquelles nous inventons nos chimères, nos peurs, nos fantasmes, et nos désirs. Mais une fois mis à plat, sur le vernis de la table en bois, ne reste que l'essentiel. La lumière vacillante du doute quant à être.

On joue dans nos vies, « pour de vrai, pour de faux », comme on jouait aux billes durant notre enfance. On enfouit au fil du temps au fond de nos poches des liasses de billets. Argent à l'odeur tonifiante, de quoi remettre sur pied n'importe qui, tout sujet asservi, de quoi remplir les sursauts et les crevasses de toute une vie.

Argent en manque, plaie béante. Argent en trop, plaie géante. Mécanique subtile. L'argent, aussi désagréable soit son odeur, est malgré tout devenu une raison de vivre, une clef du possible pour chacun, un levier de rêves, jusqu'à même vouloir racheter sa jeunesse et son innocence, une clef. L'argent reste, même comme polluant, une raison de vivre quand plus rien n'a de raison d'être, de valeur, ni de prix, pas même la vie. Douce descente vers la fin de nos vies quand la peur de mourir nous saisit.

Voilà ce que j'observe avancer à grand galop dans les émissions et les journaux n'ayant pour fond commun que le racolage. Plus rien n'est gratuit, juste par curiosité ou esprit d'esthétique. Pas même les arts. Quand les humains prendront-ils conscience que vendre son âme, sa chair, son temps pour quelques morceaux de papiers n'empêche jamais la peau de flétrir, les mains de rouiller, comme la trotteuse de la grande horloge d'avancer ?

Tout s'achète mais rien ne vaut de se vendre.

Peut-être parviendrez-vous, comme vous tentez de le faire, à rallumer quelques étincelles, quelques braises, quelques flammes vacillantes dans les esprits de cette génération, qui ne voit plus le monde qu'à travers la lorgnette d'un écran tactile faisant miroiter des liasses de billets. Peut-être… j'espère être encore parmi vous pour observer le tsunami du réveil des consciences, qui mettra un terme à cette forme de tumeur, la manière dont aujourd'hui les Hommes ne propagent la vie qu'à l'image d'une cellule qui se démultiplie. Si le monde n'est devenu qu'une usine à produire de la chair de manière exponentielle, sans autre fonction, on est en droit de se demander pourquoi, pour qui ?

Amicalement,

Dr H. L.

Les moteurs de vie

D'après Hannibal Lecter

Dr Lecter : « Non, c'est à votre tour de me parler. Cette fois, vous n'avez plus de vacances à vendre. Pourquoi êtes-vous partie de ce ranch ? »

Clarice Starling : « Docteur, nous n'avons plus le temps de parler de tout ça ! »

Dr Lecter : « Nous n'avons pas la même conception du temps, vous et moi. Vous avez tout le temps que vous voulez. »

[...]

Dr Lecter : « Non, je tiens à vous entendre, maintenant. Votre père a été assassiné, vous êtes orpheline, vous avez dix ans, vous partez vivre chez des cousins dans une ferme du Montana, et ? »

Clarice Starling : « Et un beau matin, je me suis enfuie. »

Dr Lecter : « Mais encore Clarice, pourquoi vous êtes-vous enfuie ? À quelle heure êtes-vous partie ? »

Clarice Starling : « Très tôt, il faisait noir. »

Dr Lecter : « Qu'est-ce qui vous a éveillée ? Vous avez peut-être fait un cauchemar, qu'est-ce que c'était ? »

Clarice Starling : « J'ai entendu des bruits étranges. »

Dr Lecter : « Qu'est-ce que c'était ? »

Clarice Starling : « C'était des hurlements, des hurlements qui ressemblaient à des voix d'enfants... »

Dr Lecter : « Ensuite, Clarice… »

Clarice Starling : « Je suis… je suis allée voir dehors… Quand je suis arrivée devant la grange, j'avais peur de regarder à l'intérieur, mais je savais qu'il fallait que je regarde. »

Dr Lecter : « D'où venaient ces cris, Clarice, d'où venaient ces cris ? »

Clarice Starling : « Les agneaux. Les agneaux hurlaient. »

Dr Lecter : « On venait les égorger et ils poussaient des hurlements. »

Clarice Starling : « Des hurlements affreux. »

Dr Lecter : « Et vous vous êtes enfuie. »

Clarice Starling : « Non. En fait, j'ai d'abord voulu les libérer. J'ai ouvert les grilles et les portes mais ils ont refusé de partir. Ils restaient là, sans bouger, incapables de fuir. »

Dr Lecter : « Vous pouviez fuir et vous l'avez fait, n'est-ce pas ? »

Clarice Starling : « Je l'ai fait. J'ai pris un agneau sous mon bras et je suis partie en courant. »

Dr Lecter : « Et où vouliez-vous aller, Clarice ? »

Clarice Starling : « Je n'en sais rien, n'importe où. Je n'avais rien à manger, rien à boire, il faisait si froid. Je croyais en avoir sauvé au moins un, mais il était trop lourd pour moi, beaucoup trop lourd. J'ai couru plus de trois kilomètres avant que le shérif ne me rattrape. Le fermier m'en voulait tellement qu'il m'a envoyé vivre à l'orphelinat de Bausman. Je n'ai jamais revu le ranch. »

Dr Lecter : « Savez-vous ce qu'est devenu votre agneau, Clarice ? »

Clarice Starling : « Il l'a tué. »

Dr Lecter : « Et il vous arrive encore, de temps à autre, de vous réveiller en pleine nuit et d'entendre les hurlements des agneaux affolés ? »

Clarice Starling : « Oui. »

Dr Lecter : « Vous croyez que si vous sauvez cette pauvre Catherine, ils ne vous réveilleront plus. Vous croyez que si Catherine reste en vie, vous ne vous réveillerez plus la nuit pour écouter les hurlements effroyables des agneaux. »

Clarisse Starling : « Je n'en sais rien… je n'en sais rien… »

Dr Lecter : « Merci, Clarice, merci. »

Le Silence des agneaux, Jonathan Demme (1991).

Hannibal Lecter a un talent d'écoute, insiste sans jamais brusquer, pour faire émerger la vérité profonde de chacun. Il permet à Clarice Starling de mettre enfin sur le devant de la scène, et peut-être pour la première fois, sa puissance, son moteur de vie. Au cours de cet échange, elle formalise et verbalise ce qui la fait tenir debout et se battre contre tous les obstacles qui se sont présentés devant elle, au fil des années. Ce moteur de vie, aussi effroyable puisse-t-il être, qu'elle osait à peine s'avouer à elle-même, même dans le secret de ses pensées. Jamais il ne s'en est servi pour la manipuler ; dans cet « échange de bons procédés » comme ils l'ont nommé, pour obtenir des informations ou une analyse du dossier du tueur en série, l'agent Starling n'avait qu'à dévoiler une part d'elle-même.

Au premier abord, on pourrait penser que cela sert le Dr Lecter. Mais, sans même qu'on s'en rende compte, l'« échange de bons procédés » disparaît de la joute verbale, car seule Clarice Starling a à y gagner, pour son enquête, comme pour sa propre analyse. Ce que l'on peut voir comme une manipulation n'est finalement qu'une main tendue d'Hannibal à cette petite fille de province qu'il avait décrite avec tant de rigueur et de dureté.

Qui a perdu ? Qui a gagné ? Personne. Du moins, si. Clarice a tout gagné sans qu'elle s'en aperçoive elle-même, dans un premier temps. Mettre le doigt sur le moteur de vie d'une personne, comme l'a fait

Hannibal Lecter, ne peut-il pas alors s'apparenter à un geste gratuit, de pure bonté ?

Je vous vois sourire à cette dernière phrase, et pourtant, c'est bien ce qu'il a fait. Peut-être y a-t-il gagné une amie par la suite, mais son geste était gratuit. En la forçant à se dévoiler à ses propres yeux, à faire ressurgir son véritable moteur de vie, je me demande qui d'entre nous n'aimerait pas avoir cette conversation avec un ami un soir, en toute intimité. Qui n'y a jamais pensé ? Car qui n'a pas son propre moteur, sa fêlure sourde, cachée, ou son rêve que l'on cherche à faire jaillir ou à combler ? Nous possédons tous intimement un moteur de vie puissant, souvent issu de l'enfance, une force vive qui nous pousse à rêver, à vouloir nous dépasser, pour gagner, nous extraire d'une condition ou combattre une destinée.

Personne autour de nous ne le connaît réellement, pas même nos meilleurs amis, ou seulement partiellement. Quel soulagement cela doit-il être de pouvoir, comme Clarice, l'avouer, se l'avouer et se mettre à nu ainsi !

Même devant les psys, nous mentons souvent sur ce moteur de vie. Il est ce que nous sommes de plus sincère, notre plus grande force comme notre part la plus fragile, celle qui peut nous détruire si elle est mise entre de mauvaises mains. Difficile de reconnaître les mauvaises mains, quand chacun ment le plus clair de son temps sur sa propre vérité. Pourtant, ce moteur de vie est ce qui nous tient, ce qui nous permet de dessiner une ligne de conduite pour le reste de notre existence. De lui va dépendre nos actes, nos valeurs, nos craintes et les forces que nous développerons. Rien ne sert de vouloir l'enterrer aux confins de notre mémoire, dans un déni de ce que nous sommes, car plus rien n'a alors de sens dans ce que nous vivons. Hannibal nous invite ici à accepter le pire comme le meilleur de ce qui constitue notre moteur de vie, car c'est lui qui définit chacune de nos actions, c'est lui qui nous construit.

Le regarder en face, l'accepter, c'est soi-même s'accepter, tel que nous sommes dans toute notre globalité. C'est aussi apprendre à s'aimer.

Vous, quel est votre moteur de vie caché ?

Au regard de cette perspective,
comment vous sentez-vous à cet instant ? Plutôt…
Hannibal, animal ou cannibale ?

Comme le dit le Dr Lecter en souriant :
« Ceci n'est ni un jeu, ni un test. Il n'est aucune mauvaise réponse, mais un choix de vie. »

Et dans le regard d'Hannibal on peut lire…

***« Le passé est notre moteur d'avenir,
notre réalité, notre devenir. »***

Lettre d'Hannibal

Conception du monde

Cher Stéphane,

Vous me demandiez, il y a peu, de vous éclairer sur ma conception du monde. Comme si cela avait la moindre importance. Vaste sujet pour une simple réponse. Ce n'est pas tant ma conception du monde que ma conception de l'avancée du monde, puisque vous le désirez, que j'aimerais partager avec vous à cet instant.

L'avancée du monde, à l'observer d'une certaine hauteur, ressemble à un cycle répétitif qui pourrait se confondre avec le cycle du néant. Le cycle du néant est fait d'étapes qui mènent d'un rien à un rien suivant. Conception sombre, me direz-vous. Oui, si l'on considère le monde comme réel, si l'on y croit. Non, dans l'infinie déclinaison des possibles. Ce soir, près de la cheminée, les flammes me lèchent le dos, l'enfer est derrière moi, ce monde dont volontairement je m'extraie. Peut-être continue-t-il à exister lorsque je m'en évapore. Sûrement. Le monde, cette construction globale à laquelle chacun adhère en y apportant son petit lot de bonheur et ses wagons d'horreurs. Sûrement. Mais que je sois présent ou absent dans ce monde, rien ne change. Je ne suis, lorsque je m'y déplace, qu'un de plus ou un de moins. Nous nous plaisons à nous croire uniques, alors que nous sommes dès la naissance des clones physiques malgré les croisements d'ethnies qui peuvent pousser certains esprits peu éclairés à se croire différents.

Les croisements entre humains et animaux qui abondent dans la mythologie pourraient être intéressants d'un point de vue esthétique et physique. Chaque être avec des griffes de lion, des jambes de kangourou ou une corne de rhinocéros sur le front serait alors véritablement unique et posséderait des capacités propres.

Chacun serait alors véritablement utile et indispensable dans le fonctionnement collectif, plus personne ne se ressemblerait. Les différences physiques entraîneraient forcément des différences psychologiques, des perceptions différentes de la vie, du bien, du mal, de ce qui est nécessaire. Une vraie richesse face au conditionnement mental dont chaque clone humain se trouve affublé dès sa naissance et tout au long de son existence.

À bien y réfléchir, les différences de culture et de mentalités entre pays qui nous paraissent parfois si criantes ou si terribles, ne sont en fait, la plupart du temps, qu'un décalage temporel d'évolutions identiques de différentes civilisations. Les « luttes » et les « engagements » ne sont qu'une lente avancée temporelle propre à chaque société et à chaque région du monde, pour atteindre son « apogée » avant sa destruction. Ce n'est qu'un cycle, identique pour toutes les civilisations, quelle que soit l'époque.

J'entends des humanistes, des historiens, des sociologues sortir leurs gros livres de vérités déformées ou erronées pour citer en exemple tel ou tel détail, démentant mon propos. Je les observe avec chacun une étiquette différente, mais bel et bien sortis du même moule, forgés dans des livres de connaissances identiques, qui ne cessent de se contredire et d'être dépassés à chaque nouvelle décennie.
L'Histoire n'est écrite que par les vainqueurs, comme vous le savez, et cela bien au-delà des guerres. Il faut bien défendre son bout de gras, son mensonge, il faut bien, aux frontières du pire, rester adossé à sa bibliothèque et à son savoir pour se sentir unique, important, pour pouvoir rester en vie.
L'être unique est un mensonge, mais y croire est une question de survie, mentale et non physique. Et l'homme veut aujourd'hui volontairement se cloner, sans voir qu'il l'a toujours été. Voici à quel point il se croit différent, supérieur à son prédécesseur, unique ; même s'il ne cesse de répéter, de colloques en salons de thé, que nous sommes tous égaux, qu'il n'y a rien qui sépare un être humain d'un autre.
Il tente de se convaincre de l'inacceptable pour lui. Sa survie ne dépend bien que de son ego majestueux, de la taille d'une galaxie.
L'homme est déjà un clone ; intuitivement, il le sait. Il voit son miroir chaque jour chez l'autre. Il voit ce qu'il est vraiment à travers son voisin. Cette mécanique simple, cette bêtise sur jambes. Il se débat avec ses moyens intellectuels, esthétiques,

physiques, il développe son charisme, ses bras, sa pensée, pour être absolument différent de celui qu'il croise dans la rue chaque matin. Il veut être tout, sauf ça. La technologie permet déjà aujourd'hui de donner des fonctionnalités différentes ou supérieures à l'Homme. Creuser, creuser encore et toujours la différence. Malgré toutes ces évolutions, aurons-nous avancé d'un demi-cheveu dans notre conception du monde, dans notre nécessité à y prendre part, quand nous ne faisons que répéter, malgré les siècles passés, le cycle du néant, qui n'amène à chaque génération qu'un nouveau lot d'absurdités, en aucun cas une vision du monde éclairée ?
Dans ma conception du monde, le cycle du néant finit par se confondre avec le cycle de la monstruosité, dans lequel je n'ai été qu'un indigène, tombé du tapis roulant de l'usine à humanité, ayant conservé sa partie animale, et déjà sa partie clonée.

Bien humainement,

Dr H. L.

PLATS

Une femme du comité du philharmonique pendant le repas :
« Hannibal, avouez-le, de quoi sont faits ces alléchants amuse-bouche ? »

Hannibal Lecter :
« Si je vous dis ce que c'est, j'ai peur que vous refusiez d'y goûter. Bon appétit. »

Dragon rouge, Brett Ratner (2002).

Vivre sans compromis

D'après Hannibal Lecter

Agent Krandler : « Mais qu'est-ce que vous faites là dans le noir, agent Starling ? »
Clarice Starling : « Je pensais au cannibalisme. »
Agent Krandler : « À la Justice aussi, les gens pensent ! Vous le saviez ? Ils pensent : Mais qu'est-ce qu'elle compte faire pour Lecter ? »
Clarice Starling : « Est-ce qu'on vous a dit pourquoi il dévore ses victimes ? »
Agent Krandler : « À quoi ça vous avance ? Vous écrivez un bouquin ou vous traquez un requin ? »
Clarice Starling : « Pour montrer son mépris envers ceux qui l'exaspèrent et, parfois, pour rendre service à la communauté. Dans le cas du flûtiste Benjamin Raspail, il l'a fait pour améliorer le son du philharmonique de Baltimore, tout simplement, en servant le cervelet du médiocre flûtiste au comité de direction, avec un Montrachet à 700 dollars la bouteille. Le repas commença par un plateau d'huîtres de Gironde, suivi par le cervelet humain, un sorbet, et selon ce papier sur la grande cuisine : un exceptionnel ragoût noir velours dont on n'a jamais déterminé la composition. »
Agent Krandler : « J'ai toujours pensé qu'il était pédé. »

Clarice Starling : « Pourquoi dites-vous ça ? »
Agent Krandler : « Il a ce côté masturbé artistique. Ce trip musicien de chambre et petits fours. Oh surtout, n'y voyez rien de personnel. On a le droit d'avoir de la sympathie pour ces gens-là. »

Hannibal, Ridley Scott (2001).

Scène édifiante où deux formes de mal se retrouvent en opposition comme en comparaison. La mise en scène de la psychologie d'Hannibal Lecter procède ainsi : montrer à travers le cannibalisme d'autres formes d'horreurs et d'injustices larvées dans nos sociétés : machisme, homophobie, manipulation… Il est si aisé de ne voir que le tueur en série dans ces différents films, comme si on regardait un simple film d'horreur. Mais la différence tient à ceci : la dénonciation de la haine et de la violence quotidienne, en filigrane des errements gustatifs de notre protagoniste. Jusqu'à même lui conférer une « juste cause » : la grâce et l'harmonie de l'orchestre philharmonique.

Jusqu'au-boutiste, sans compromis, Hannibal assume la part sombre de ce qu'il est, en tentant tout de même de la mettre au service de ce qui lui semble juste pour le bien-être commun, dans son échelle de valeur.

Il nous est bien entendu impossible d'agir de même, sans quoi nombre de chefaillons aux petits pieds finiraient noyés dans les latrines des *open spaces*, où ils usent et abusent de leurs pouvoirs.

Dans cette scène, il est perturbant de se demander qui des deux est le plus horrible, en réalité : celui qui agit comme un monstre dans ses actes comme dans ses propos vis-à-vis de l'agent Starling comme de l'ensemble de son entourage, en toute impunité, ou le Dr Lecter, qui n'a suivi que son instinct, son envie, sans faire aucun calcul ni compromis. Un acte horrible soit, mais pas dans sa logique, où le seul moteur de son passage à l'acte relève de l'esthétique musicale, sans qu'il cherche à en jouir à titre personnel d'aucune manière. On peut, à l'observer ainsi, considérer qu'il s'agit d'un acte gratuit, presque philanthrope, dans la psychologie d'Hannibal Lecter.

Alors, me direz-vous, que pouvons-nous faire de cette forme d'esprit, considérée ainsi à son extrême, au-delà de notre conception de la cruauté humaine ?

Sans compromis.

Voilà ce que nous pouvons considérer et prendre en compte pour nous-même d'Hannibal dans sa manière d'être et de faire : sans compromis. Conception devenue presque intouchable, inavouable, impensable, dans nos sociétés où justement tout n'est basé que sur le compromis. Que ce soit nos vies de couple, nos rapports familiaux, amicaux, notre vie professionnelle, cette interconnexion permanente où les plus rusés ont compris que seul le réseau comptait et que savoir le manipuler pouvait promettre un avenir, et qu'au-delà des compétences, il valait mieux cultiver celui-ci, et cela, quels que soient les bassesses, les sourires et les courbettes à multiplier à l'infini.

À observer l'intégrité d'Hannibal, j'ai parfois eu honte de mes faux sourires, de mes faux-semblants d'une époque, quand il a fallu plaire, séduire, alors que seule la faim me tenaillait et que, pour lever les interdits bancaires et servir mes intérêts, j'ai fait, comme beaucoup, des compromis avec les autres, avec moi-même.

Les compromis sont nécessaires, j'en conviens, ne serait-ce que pour mettre un peu de miel dans les rouages de nos vies. Pour autant, ne vivre qu'à travers des compromis mène indubitablement à notre propre perte, car nous nous mentons à nous-même. Et l'âge avançant, la liste des compromis se confond avec celle des mensonges, jusqu'à devenir le résumé de toute une vie. Toute une vie à être passé à côté de soi-même, à côté de ce que l'on désirait, à côté de ce que l'on aimait.

Et si, comme Hannibal, nous réintégrions une part de « sans compromis » dans nos vies ? Vous savez, ce « Non ! » que l'on a parfois tellement de mal à dire. Que se passerait-il ? N'aurions-nous pas tous à y gagner, pour nous-même comme pour les autres, à envoyer balader ce ou celui qui pèse tellement dans notre quotidien ?

La vie est courte, trop courte pour n'être vécue qu'à travers le prisme du mensonge et du compromis.

Au regard de cette perspective,
comment vous sentez-vous à cet instant ? Plutôt…
Hannibal, animal ou cannibale ?

Comme le dit le Dr Lecter en souriant :
« Ceci n'est ni un jeu, ni un test. Il n'est aucune mauvaise réponse, mais un choix de vie. »

Et dans le regard d'Hannibal on peut lire…

***« Dites oui une fois à ce qui vous déplaît,
et vous ne saurez jamais plus dire non. »***

Lettre d'Hannibal

De l'intelligence

Cher Stéphane,

Dans votre dernier courrier, vous vous interrogiez sur l'intelligence, à savoir l'intelligence moyenne des Hommes, de quoi elle est constituée, jusqu'à vous demander si la mienne faisait exception en la matière. Curieuse conception des choses que vous avez là quand, pour mesurer l'intelligence humaine, nous n'avons à notre portée que de petits outils de tests de QI, tous bien inutiles, bien émoussés.

Il est tellement de peuples pour qui la culture orale suffit à développer et à transmettre une intelligence humaine en phase avec la nature et le milieu de vie, et qui dépasse amplement nos prétentions de bibliothécaire à un savoir établi. On peut même aller jusqu'à penser, de nos jours, que le développement du cerveau ne pèse finalement pas plus lourd que le développement de biceps dans des salles de sport, à soulever des rondelles de fonte.

Il ne pèse pas plus lourd que l'inquiétante culture du paraître à travers la mode, le shopping compulsif, les restaurants où il faut se montrer, la dernière tendance diététique à suivre, la dernière paire de mules d'été avec écran à cristaux liquides pour donner la température extérieure. Le développement du cerveau, l'intelligence, la connaissance au quotidien, ne pèsent pas plus lourd que n'importe quel support technologique individuel ayant pour but l'avènement de l'être unique. Vous voulez être unique mais vous avez tous la même peau, les mêmes cheveux, les mêmes yeux, des bras et jambes semblables, même en nombre.

Je parlais, dans une précédente lettre, des plaisantes possibilités qu'offrirait la diversité du croisement homme-animal. Imaginez qu'il en soit de même avec les éléments naturels, les minéraux, les végétaux. Imaginez comme le monde serait différent, imaginez comme il serait beau. Avec une chevelure de feuillage, des jambes d'arbre, qui pourraient repousser même si elles étaient cisaillées, des genoux en pierre pour les prieurs qui se détruisent les rotules dans les édifices religieux, imaginez comme, sans mensonge, chaque individu pourrait être unique, vraiment.

Imaginez comme il serait enfin en harmonie avec l'environnement dans lequel il vit.

L'intelligence au milieu de tout cela, voyez-vous… L'intelligence est un art de vivre que l'on possède, ou pas.

L'intelligence du cœur reste, quant à elle, louable, quand l'intelligence humaine que l'on veut si cartésienne, si adulée jusqu'à sa déification, ne mène que rarement au bonheur.

Le bonheur serait alors une étape envisageable si les Hommes n'étaient pas qu'une espèce clonée, uniquement capable de

transmettre le pire de ses travers. La sagesse, l'expérience des autres ne servent qu'à faible échelle d'une génération à la suivante, on peut observer toutes les limites de l'intelligence dans le projet du bonheur humain.
Le bonheur réside peut-être en dehors de l'espèce humaine.
Quant à l'intelligence, dans ces conditions, elle n'est qu'un épiphénomène qui naît comme il meurt à chaque nouvelle génération, en laissant derrière elle si peu de choses, juste le temps que ces quelques miettes ne viennent être contredites puis balayées par une nouvelle école de pensée.
Que voulez-vous retenir de l'intelligence humaine qui, comme toujours, scie la branche sur laquelle elle est installée ?

Meilleures pensées,

Dr H. L.

Le poids du passé

D'après Hannibal Lecter

Lettre d'Hannibal Lecter à Clarice Starling.

Chère Clarice,

J'ai suivi avec enthousiasme le cours de votre discrédit et de votre déchéance publique. La mienne ne m'a pas perturbé, à l'exception du désagrément de mon incarcération. Mais vous manquez peut-être de recul. Pendant nos conversations dans le donjon, il m'a semblé évident que votre père, feu le veilleur de nuit, occupe une grande place dans votre système de valeurs.
Je pense que votre capacité à mettre un terme à la carrière de couturier de James Cump vous comblera de bonheur, parce que ça aurait fait le bonheur de votre père. Maintenant, hélas, vous n'êtes pas en odeur de sainteté au FBI. Imaginez-vous votre papa consterné par votre disgrâce ? Le voyez-vous dans sa simple boîte en sapin, brisé par votre échec ? La triste et terne fin d'une carrière prometteuse.
Qu'y a-t-il de pire dans l'humiliation, Clarice ? Est-ce l'impact qu'aura votre échec sur maman et papa ? Redoutez-vous par-dessus tout que les gens pensent qu'ils n'étaient définitivement que bouseux

en caravane, chair à tornades, sales blancs ? Et que vous l'êtes peut-être aussi. En fait, je n'ai pas pu m'empêcher de remarquer que, sur l'ennuyeux site Internet du FBI, on m'a enlevé des archives des criminels de droit commun du Bureau, pour me propulser dans la liste prestigieuse des dix criminels les plus recherchés.
Est-ce une coïncidence, ou avez-vous repris l'affaire en main ?
Si c'est le cas, parfait, parfait ! Parce que j'ai besoin d'écourter ma retraite et de revenir à la vie publique. Je vous imagine assise au sous-sol dans une pièce sombre, penchée sur des papiers et des ordinateurs. Est-ce que j'ai vu juste ? Veuillez me dire la vérité, agent spécial Starling.

Salutations,

Votre vieil ami, Hannibal Lecter, docteur en médecine

PS : Le choix de cette mission n'est évidemment pas de votre fait. Je suppose plutôt qu'elle fait partie du marché, mais vous l'avez acceptée, Clarice. Vous êtes chargée de causer ma perte, je ne sais donc pas quel souhait vous adresser, mais je sais que nous allons beaucoup nous amuser. Bye Bye.

Hannibal, Ridley Scott (2001).

Dans cette lettre à l'agent Starling, Hannibal dirige, malgré la dureté de son ton, un projecteur de lumière sur la vérité de sa vie. Sur son « pourquoi » personnel, son moteur profond. Pourquoi agit-elle ainsi, presque contre sa volonté ? Peut-être juste pour prouver quelque chose ? Hannibal, ayant de longue date assumé la globalité de la personne qu'il était – même dans ses plus noirs travers –, seul l'inconvénient de son enfermement lui pèse, non sa disgrâce publique. Il n'est pas tenu de rendre des comptes aux fantômes de son passé, de leur décrire ses faits et gestes, ni même ses pensées, contrairement à Clarice. Clarice, dont il soupçonne à juste titre le poids du passé dans le moindre de ses actes, le jugement permanent d'un univers parental le doigt pointé sur elle, du milieu dont elle est issue, même si celui-ci a disparu.

Quelle justesse, quelle vérité, quand nombre d'entre nous n'agissons souvent qu'au diapason de la famille, de l'image à laquelle il nous faut coller à la perfection, et de l'univers dans lequel nous sommes nés ? Il est, je crois, à ne pas confondre les valeurs qui nous ont construites – pour partie à préserver si elles nous animent – et celles issues de cet univers passé, auxquelles on pense devoir répondre dans notre manière d'être, d'agir et de penser. Elles ne sont parfois qu'entraves, chaînes, qui en aucun cas ne répondent à nos envies profondes.

Comment se projeter dans un monde dont les contours ont été parfaitement définis, sans vouloir ni pouvoir en déroger ?

Le poids du passé.

Comment s'en détacher ?

À observer mes contemporains de longue date à ce sujet, je ne peux que rejoindre le Dr Lecter sur ce questionnement : pour qui faisons-nous les choses ? Pour nous ou pour nos parents, notre cercle social, professionnel, familial… les autres ? Pour quelle raison ressentons-nous un sentiment d'échec lorsqu'on s'est démené dans un projet, un enjeu sportif, de longues études ou une entreprise qui n'ont pas abouti ? Est-ce en fonction de l'implication et du travail que l'on y aura mis pour nous-même, notre désir, ou pour l'ambition projetée et le regard des autres à ne pas décevoir ?

Saine et sage question à se poser à tout instant de sa vie, car elle permet, si on la pointe du doigt comme Hannibal le fait, de redéfinir les raisons pour lesquelles nous nous mettons en action. Alors, si l'on est effondré de remords et de honte lorsque l'on rate son examen du barreau, est-ce parce que c'était notre désir le plus cher de devenir un grand avocat pour défendre de justes causes, ou est-ce parce que l'on vient d'être désavoué dans le regard de papa – qui rêvait que nous reprenions la tête de son cabinet d'avocat dans quelques années ?

Il n'est pas d'humiliation à échouer lorsque l'on a tout fait pour soi, seulement soi, et que l'on a tout donné. Ce n'est peut-être qu'une étape nécessaire vers une autre voie. Mais en réalité, lorsque l'on a été honnête, en balayant de son univers tout le poids du passé dans les décisions que nous avons prises, il est peu de chance d'échouer.

Pour qui, pour quoi faisons-nous en toute honnêteté ?

Au regard de cette perspective,
comment vous sentez-vous à cet instant ? Plutôt…
Hannibal, animal ou cannibale ?

Comme le dit le Dr Lecter en souriant :
« Ceci n'est ni un jeu, ni un test. Il n'est aucune mauvaise réponse, mais un choix de vie. »

Et dans le regard d'Hannibal on peut lire…

« Se défaire du poids du passé, c'est lâcher du lest pour que notre vie, telle une montgolfière, puisse s'élever. »

Lettre d'Hannibal

La vie sur Terre

Cher Stéphane,

Vous me posez de nombreuses questions, comme si je pouvais avoir réponse à tout. Et même, comme si vous vouliez réellement entendre ces réponses. Je n'ai, comme tout homme un tant soit peu éclairé, que des hypothèses et montagnes d'humilité à fournir à vos interrogations. Mais à propos de votre question sur les possibles origines de la vie terrestre, j'aime cette fable qui, longtemps, est venue s'intégrer à mes réflexions.

Au commencement… On a déposé la petite graine dans le ventre de la maman. C'est ainsi que débutent toutes les histoires de vie humaine. C'est ainsi qu'on la raconte aux enfants. Mère nature n'est-elle pas avant tout une mère ? C'est exactement ce que nous faisons avec nos aquariums, nos terrariums, nos vivariums, nos cages à oiseaux ou à hamsters.

L'univers dans lequel notre poussière de planète évolue n'est donc peut-être qu'un bocal posé sur une table, ou le bord d'un chevet. Et le petit semeur dans son lit, fier de son biotope, le regarde évoluer et s'agiter le soir avant de s'endormir. Lorsqu'il tapote les parois en verre, nous vivons un tremblement de terre ; puis, lorsqu'il remet un peu d'eau dans les bacs à eau-océans, nous vivons un tsunami. Il souffle à la surface pour écarter un peu la brume et mieux nous voir, nous vivons un ouragan. Ce n'est qu'une question d'échelle. Nous qui nous voyons si beaux, nous qui nous voyons si grands, nous qui nous prenons pour les maîtres de l'univers, nous ne sommes peut-être que les vers de terre d'un biotope, et nous pataugeons au bord d'une étagère dans une vase gluante.

Notre salut, dans ces circonstances, n'est alors que d'amuser et de plaire encore à ce petit semeur, pour qu'il trouve le sommeil. Le big-bang n'est alors plus, dans cette hypothèse, qu'un chat maladroit qui saute sur le chevet et renverse le bocal sur un parquet en chêne. Réaction en chaîne, le petit semeur exaspéré met un coup de pied au chat, se saisit d'un bocal plus grand, récupère ce qu'il peut de son ancien univers et reconstruit son biotope, ses galaxies, ses planètes. Puis il va choisir de nouvelles graines et semences. Il construit alors un biotope plus grand, habité par de nouvelles espèces, qu'il regardera grandir, grossir, évoluer, se multiplier chaque soir en s'endormant.

Ce n'est même pas un Dieu, ce n'est qu'un enfant qui s'amuse avec ses jouets. C'est ainsi que loin d'Einstein et de Darwin, le possible étend ses ailes, c'est ainsi qu'un simple chat maladroit peut entraîner l'expansion de l'univers. C'est ainsi que les dinosaures ont peut-être disparu de la surface de la Terre. C'est ainsi que l'Homme, à des années-lumière de la soupe primitive, a peut-être été injecté dans le bocal pour traverser son univers et s'implanter sur cette planète.

Le possible de ce que nous sommes se limite peut-être à un simple compartiment rangé sur une étagère, dont la vie ne dépend que du bon vouloir et des caprices d'un enfant, et des aléas du hasard, la queue d'un chat maladroit qui passe, trébuche et se rattrape sur le bord de l'univers, jusqu'à le faire basculer au sol pour qu'il disparaisse dans une explosion…

Quand l'enfant aura grandi, s'intéressera-t-il toujours autant à ses consoles de jeux ? On ne peut que l'espérer. Car au stade de l'adolescence, il devrait en toute logique, dans un premier temps, vouloir jouer à la guerre : rapprocher les chevets, rapprocher les univers, créer un petit pont entre les deux et observer avidement lequel des deux saura visiter l'autre, annexer son univers pour étendre son espèce. C'est une réaction humaine, oui, bien humaine. Toutes les guerres ont été faites ainsi. Annexer l'autre pour étendre son pouvoir d'influence comme le firent les religions, annexer l'autre pour imposer sa « race » et lui offrir de l'espace comme le firent certains dictateurs, annexer l'autre comme le font aujourd'hui même les plus belles démocraties pour s'approprier des ressources naturelles hors de leurs frontières.

Les mouvements humains ne sont qu'un dédale de suprématies qui s'écrasent mutuellement et s'enchevêtrent.

Qu'adviendra-t-il quand l'enfant finira par casser tous ses jouets ? La vie trouvera toujours son chemin, c'est sûr. Mais l'Homme n'en est qu'un figurant, contrairement à ce qu'il pense, une simple marionnette dans le décor. Il n'a pas plus de chance de retrouver sa place dans la vie après les caprices de l'enfant qu'une tique sur le derrière d'un chien. Le possible de notre vie terrestre se limite peut-être à un simple compartiment posé sur une table de nuit pour qu'un enfant trouve le sommeil.

Mais quel Homme voudrait croire à une histoire pareille ? Lui qui se voit si grand, au sommet de toutes connaissances, à tourner en rond dans un bocal trop grand pour lui, dont les parois arrondies ressemblent de près à celles d'un univers qui se déforme et se replie ? À vouloir sortir de ce bocal, ne risque-t-on pas de toucher la vérité comme la folie ?

Le risque est grand à faire ce pas. Je vous y engage, me retrouvant depuis de longues années de l'autre côté du miroir, mais êtes-vous prêt à en payer le prix ?

Depuis l'autre côté, amitiés,

Dr H. L.

L'émancipation

D'après Hannibal Lecter

Dr Lecter, à l'agent Starling en voiture : « J'ai pensé que vous pourriez commencer par me dire ce que vous ressentez. »
Clarice Starling : « À propos de quoi ? »
Dr Lecter : « Des maîtres que vous servez, et de la façon dont ils vous traitent. De votre carrière, ou de ce qu'il en reste. De votre vie, Clarice. »
Clarice Starling : « Et si vous me parliez plutôt de la vôtre ? »
[...]
Dr Lecter : « Ma vie ? Que pourrais-je vous dire sur ma vie ? Je me suis mis en état d'hibernation pendant plusieurs mois. Je suis resté inactif. Mais me voilà, de retour au pays, heureux et en pleine forme. Vous, par contre, vous commencez à m'inquiéter. »
Clarice Starling : « Je vais bien. »
Dr Lecter : « Non, vous ne pouvez pas aller bien, Clarice. Vous êtes tombée amoureuse du Bureau, de l'institution, pour découvrir après lui avoir tout donné, qu'en retour, elle ne vous aime pas. Pire encore, qu'elle vous en veut plus que le mari ou les enfants auxquels vous avez renoncé pour elle. Pourquoi, d'après vous ? Pourquoi vous en veut-on à ce point ? »
Clarice Starling : « Dites-le-moi. »

Dr Lecter : « Je vais vous le dire. [...] C'est pourtant clair. Vous vous êtes fondée un idéal de justice, Clarice. Pas eux. Vous croyez en votre serment. Pas eux. Vous vous faites un devoir de protéger les innocents. Pas eux. Ils ne vous aiment pas, parce que vous n'êtes pas comme eux. Ils vous détestent et vous envient. Ils sont faibles, et ils ne croient en rien. »

Hannibal, Ridley Scott (2001).

Tout donné. Clarice a tout donné pour son travail, sa vocation, la foi qu'elle mettait dans sa mission. Et pourtant, comme le souligne à juste titre Hannibal, tout s'est retourné contre elle, à cause de cet engagement sans faille. Un engagement pour la justice, la défense des plus faibles, auxquelles elle a sacrifié jusqu'à des pans entiers de sa vie, même personnelle.

En quelques mots, le Dr Lecter le lui rappelle.

Pourquoi, alors, poursuivre ce combat ? Pour servir qui ? Quoi ? Quelle justice ? Et, au bout du compte, quels intérêts ? Si au moins ils étaient siens, ce serait un moindre mal, mais ce n'est même pas le cas. Elle sert les intérêts de ceux qui la méprisent, non plus sa vocation, non plus la justice. Le doute s'immisce en elle de longue date, sans qu'elle ait su jusque-là clairement le formuler, mais l'évidence est là sous ses yeux, dans les mots d'Hannibal qu'elle n'a de cesse de traquer. Cela a-t-il encore un sens, au regard de l'immoralité et de la vacuité de ses pairs, de ses supérieurs ? Après avoir tout donné ?

Constat glacial que nous avons tous pu faire à un moment ou que nous pouvons tous connaître un jour. Après avoir tout donné, avec la plus grande honnêteté, la plus grande conscience professionnelle, se retrouver trahi, doublé, jeté aux ordures après des années de bons et loyaux services...

Quel sens donner alors à sa vie, à ce que l'on a fait, et comment changer et recommencer une nouvelle vie après cela ? Avec ce doute qui enfle, le vide s'étend autour de nous comme une onde à la surface d'une mare qui ne cesse de s'agrandir, de frapper les bords et de revenir. Que propose le Dr Lecter à travers ce questionnement adressé à l'agent Starling ?

Se détacher de son état, de la dépendance qu'elle a créée et entretenue envers le Bureau, sa mission, ses collègues, jusqu'à aller s'asservir auprès de ses supérieurs, pour encore espérer mieux faire au prix d'y sacrifier la personne qu'elle est et l'âme qu'elle porte en elle.

Hannibal l'invite simplement à s'émanciper. Comme il nous le propose à nous, directement, dans ce passage.

Qu'est-ce qui nous retient ? De quoi sommes-nous prisonniers, parfois volontairement comme Clarice, à vouloir trop bien faire ?

Saine question à se poser sur les autorités qui nous tiennent la bride, et pour lesquelles nous nous dévouons corps et âme… jusqu'à ce que ces mêmes tyrans nous rejettent, car nous n'avons plus pour eux aucune utilité. Esclavagisme moderne, sans moralité, que cette mainmise sur notre psyché et nos plus nobles valeurs, avec lesquelles les manipulateurs de toutes formes savent jouer pour leurs propres intérêts. S'émanciper, s'affranchir de toute forme d'autorité destructrice allant à l'encontre de notre système de valeurs : voilà certainement le plus grand service que chacun d'entre nous peut se rendre à lui-même, à un moment de sa vie.

Que l'on parle du domaine familial, professionnel, amoureux, personnel, « ceux qui prennent » n'auront jamais de cesse d'épuiser leur marionnette tant qu'ils auront encore quelque chose à en retirer. Alors, n'est-il pas temps, avant de se noyer, de faire un burn-out ou une dépression, de s'émanciper d'un jeu de pouvoir malsain qui a été jusqu'à trahir la toute confiance que vous avez peut-être aveuglément accordée ? Jusqu'à ne plus vous reconnaître vous-même par moments, jusqu'à ne plus savoir même comment vivre autrement.

À bien y réfléchir, les autres ont-ils, comme vous, tout sacrifié ?

Pas eux.

Quand s'affranchir, c'est se retrouver, eux n'y parviendront jamais, car ils n'ont jamais vécu en ayant tout donné.

Au regard de cette perspective,
comment vous sentez-vous à cet instant ? Plutôt…
Hannibal, animal ou cannibale ?

Comme le dit le Dr Lecter en souriant :
« Ceci n'est ni un jeu, ni un test. Il n'est aucune mauvaise réponse, mais un choix de vie. »

Et dans le regard d'Hannibal on peut lire…

« Prendre n'est pas être fort. Donner n'est pas être faible. S'affranchir des deux est la clef. »

Lettre d'Hannibal

La quête du septième ciel

Cher Stéphane,

Dans la quête du bonheur, le chemin initiatique de la vie nous pousse à vouloir atteindre une forme de paradis, tout d'abord terrestre pour en jouir, puis divin pour ne pas disparaître. Ce septième ciel sur lequel vous me questionnez, de quoi est-il constitué en réalité ? D'un chiffre tout d'abord : le sept, chiffre magique, chiffre de tous les symboles, de toutes les chances, chiffre de toutes les logiques. Chiffre culturel et cultuel qui régit de longue date notre Histoire comme nos vies.

Des sept travaux d'Hercule, à un Dieu qui crée le monde en sept jours. Des sept merveilles du monde aux sept péchés capitaux, jusqu'au septième art… Le hasard lui, ne présente pourtant que six faces. Le dé roule et s'arrête sur le tapis vert de la chance… ou pas.

Pour atteindre le septième ciel, ne faut-il pas pourtant avoir gravi les six précédents ? Qu'en pensez-vous ? Mais alors, de quoi sont-ils faits ? Peut-on se fier à la pyramide de Maslow pour cela ? Système presque fiable à l'échelle d'un humain vivant en société, futile à l'échelle de ce que pourrait être

l'Homme en réalité. Le septième ciel est un artifice mental de fantasmes propres à chacun, il ne peut être commun à la race humaine. Une construction inaccessible que l'on se plaît à entretenir pour, en réalité, pouvoir rester insatisfait.
L'insatisfaction est le moteur de l'Homme.
Si un être atteint son septième ciel, il se morfond. Il commencera même à en détruire les fondations. Le septième ciel a juste été conçu trop bas pour cette personne. Elle doit alors s'en créer un autre et détruire celui-là.
La frustration est le levier de la quête, la source de notre bien-être. L'être humain n'a jamais été conçu pour effeuiller des pâquerettes, le derrière sur un nuage, avec un sourire au coin des lèvres. La nature humaine est une nature souffrante par nécessité. Elle ne peut se mouvoir et grandir qu'à travers la souffrance. Quand elle n'en a plus, elle s'ennuie, alors elle en cherche, elle en crée, et quand elle a trouvé une souffrance que presque rien ne peut apaiser, la nature humaine se met à la cultiver ; jusqu'à en faire un pivot de vie, un repère du moindre pas effectué, un référent de la moindre pensée.
La nature humaine aime à souffrir, la nature humaine aime la guerre. Seules les horreurs et les catastrophes touchant la masse savent réunir les Hommes. Elles deviennent alors un moteur commun. L'individualité grandissante dans nos sociétés vient en grande partie du fait que chacun possède un pôle de souffrance différent. Un pôle plus ou moins lourd

pour chaque personne, mais auquel chacun attache la même importance, la même souffrance. Individuellement, il n'y a aucune différence entre une personne qui vient de perdre sa famille dans un bombardement, une personne qu'on vient d'amputer d'une jambe, une personne trahie dans son cœur et dans sa chair par l'adultère, et une autre qui vient de perdre son emploi.

Pourtant, j'entends déjà : « Il faut savoir relativiser ».

L'échelle est différente entre les cas, comme les conséquences qu'engendre chacune de ces situations, mais l'importance que chaque personne va y accorder individuellement et la souffrance qu'elle engendre sont identiques. Seule une personne ayant perdu à la fois des membres de sa famille dans un bombardement et son emploi saura « relativiser » entre les deux événements, y accorder une juste importance. Sinon, nous accordons autant d'importance à une coupe de cheveux ratée qui nous fait fondre en larmes qu'à un SDF mort congelé dans l'arrondissement d'à côté. Je dis « autant » pour rester poli, alors qu'en vérité, la coupe de cheveux prendra le dessus sur le macchabée mort de froid dans l'échelle des priorités de la personne mal coiffée. C'est humain, paraît-il.

Sans catastrophe mobilisatrice d'attention, vecteur commun de la souffrance, les échelles de valeur de l'individualité se retrouvent aux antipodes les unes des autres. C'est humain. Une mécanique illogique qui nous fait tout accepter, tant que nous ne sommes pas impliqués personnellement. Le septième ciel de chacun n'est, dans ce schéma de pensée, que le pendant de sa souffrance personnelle. Son extrême opposé, inaccessible. Suffisamment inaccessible pour pouvoir cultiver, sur le chemin y conduisant, assez de souffrances pour se sentir vivant.

Quel Dieu, s'il en est, aurait pu créer un monde bâti sur la souffrance ? Si Dieu a créé l'Homme à son image, alors Dieu souffre et ne fait que souffrir. Souffre-t-il de solitude en tant que Dieu unique, comme nous souffrons de solitude à nous croire des êtres uniques ? Quel égoïsme alors d'infliger ainsi à l'Homme tout son mal-être, le transposer ainsi sur de petits êtres faits de chair ! Quel égoïsme de la part d'un Dieu si bon, si protecteur, de n'avoir créé l'Homme que pour ne pas être seul à souffrir !

Le septième ciel peut parfois prendre vie à travers la rencontre d'un être qui souffre autant que nous, l'amour. Sa rareté lui confère son caractère inaccessible et, par conséquent, notre souffrance à l'attendre comme parfois à le vivre. Pour ce qui est du septième ciel commun, le paradis, ce n'est au final qu'une ineptie fédératrice, la base de toute religion.

Personne ne voudrait du paradis de son voisin. Chaque paradis est unique, propre à chacun.

Le septième ciel, dans l'univers des possibles, serait un paradis propre à chaque être, tel qu'il l'a conçu au cours de sa vie terrestre. Un paradis individuel connecté à d'autres paradis individuels – si c'est son désir. Et c'est ainsi qu'au septième ciel des possibles, les gens qui s'aiment peuvent se retrouver dans l'au-delà, après la vie, à jamais.

Meilleures pensées depuis le sixième cercle,

Dr H. L.

FROMAGES

Dr Lecter : « Pourquoi croyez-vous qu'il les dépouille de leur cuir, agent Starling ? Surprenez-moi par votre intuition. »

Clarice Starling : « Pour l'exciter. Les tueurs en série gardent le plus souvent un souvenir de leurs victimes. »

Dr Lecter : « Pas moi. »

Clarice Starling : « Non. Vous, vous les mangiez. »

Le Silence des agneaux, Jonathan Demme (1991).

Le regard des autres, l'estime de soi

D'après Hannibal Lecter

Dr Lecter : « Si vous étiez libre, vous aimeriez m'ôter la vie ? »
Clarice Starling : « Je vous laisserais la vie sauve. »
Dr Lecter : « Mais pas la liberté. Vous voudriez me l'enlever. Si vous le faisiez, vous pensez que vous pourriez revenir au FBI ? Ne méprisez-vous pas ces hommes au moins autant qu'ils vous méprisent ? Croyez-vous qu'ils vous donneraient une médaille ? La feriez-vous encadrer avec soin, pour l'accrocher au mur afin qu'elle témoigne de votre courage et de votre incorruptibilité ? Tout ce qu'il faut pour ça, Clarice, c'est un miroir. »

Hannibal, Ridley Scott (2001).

Le poids des autres contre le poids de son âme, le regard des autres contre son propre regard dans le miroir. Dualité et combat persistant tout au long d'une vie, qu'Hannibal fait ressurgir dans le paradoxe des actes et des pensées de l'agent Starling. Qu'est-ce qui la pousse vraiment à traquer Hannibal ? Sa vocation ? Le sentiment de rendre justice ? Ou la mission qu'on lui a assignée, et dont elle se met à douter du bien-fondé ?

Le Dr Lecter pointe du doigt, dans cet échange, les véritables raisons qui la font agir. Mais pour quoi ? Pour qui ? Pour être acceptée, à l'encontre de ses propres valeurs, par un système qui l'a piétinée, ou pour se retrouver en accord avec elle-même dans sa mission de justice ?

Pour quelles raisons faisons-nous les choses ? Pour correspondre à ce qu'attendent les autres, ou pour nous-même ? Nous esquivons souvent la question dans les actions que nous menons, jusqu'à parfois même ne plus la voir ni nous la poser.

Nous battre comme de beaux diables toute l'année, sans omettre d'écraser nos concurrents, pour être adoubé meilleur vendeur de photocopieurs lors du séminaire annuel, a-t-il réellement un sens ? C'est possible, et il n'est aucun jugement dans cet exemple, juste un désir de pointer la raison première qui nous a poussés sur cette voie. Si décrocher la palme du meilleur vendeur de l'année était notre réelle envie, notre rêve, pour poser notre portrait sur le buffet de la salle à manger, pas de problème. Mais s'il ne s'agit là que d'une stratégie de management à laquelle nous avons souscrit, parfois contre notre volonté, nos désirs, dans le seul but de correspondre aux attentes de l'entreprise, cela ne fait plus sens, en priorité vis-à-vis de la personne que nous sommes.

Quelle estime de soi peut-on avoir, quand nous n'agissons qu'en fonction du regard des autres, juste pour répondre à des besoins qui ne sont pas les nôtres, juste pour cocher les bonnes cases ? Si nous sommes en accord avec nous-même et notre système de valeurs, il n'est, comme le dit Hannibal, nul besoin de se raccrocher à des médailles pour se convaincre chaque jour que l'on est sur la bonne voie, que l'on a bien fait, que l'on est en accord avec nos principes et nos rêves.

Seul notre regard dans le miroir suffit à répondre à cela chaque matin, sans même que la question survienne.

Le regard des autres, ce jugement qui parfois nous fait courber l'échine, existe tant que nous lui accordons de l'importance ; mais dans la vérité que nous renvoie notre regard dans le miroir, il disparaît.

« Miroir, mon beau miroir » n'a rien de narcissique à refléter, quand c'est la vérité de notre âme qui s'y projette.

Qui voyez-vous, à cet instant, dans le miroir ? Les autres, ou vous-même ?

Au regard de cette perspective,
comment vous sentez-vous à cet instant ? Plutôt…
Hannibal, animal ou cannibale ?

Comme le dit le Dr Lecter en souriant :
« Ceci n'est ni un jeu, ni un test. Il n'est aucune mauvaise réponse, mais un choix de vie. »

Et dans le regard d'Hannibal on peut lire…

« Tuez le regard des autres, il n'existe pas. Soyez. »

Lettre d'Hannibal

Le temps d'une vie

Cher Stéphane,

En ce jour, je tenais à vous souhaiter un bon anniversaire. Arrivé aujourd'hui au milieu de votre existence, si tant est qu'il vous soit offert encore autant d'années, vous vous posez des questions sur l'utilité de ce que vous avez vécu jusque-là, et vous vous demandez si de nouvelles voies pourraient s'ouvrir pour ce deuxième acte qui s'ouvre à présent. Il y a tant à faire à partir de cet instant, sans savoir quoi, ni en combien de temps. C'est le début d'un nouveau compte à rebours. Comme le jour de notre venue au monde, à l'inspiration première, les poumons se déplient. Il faut rendre l'air à son propriétaire, expiration première. C'est le début, apprendre chaque jour à marcher, à parler, à sourire aussi. Apprendre en s'enrichissant des morceaux partagés par d'autres. Accumuler les emprunts successifs comme autant d'expériences qui forment l'homme ou la femme que l'on devient par la suite.

Riches ou pauvres de savoir, nous remplissons tous pourtant un corps identique. À chacun une tête, un tronc, deux bras, deux jambes. Le chronomètre tourne. Libre choix d'en prendre conscience, d'essayer de le comprendre ou de le laisser aux rebuts de l'esprit. L'esprit n'est pas nécessaire pour faire fonctionner des corps identiques : un programme de base, inné, se charge du fonctionnement mécanique. Le reste de l'apprentissage, assis à califourchon sur la trotteuse, n'est qu'une molle nécessité.

Aujourd'hui reste à jamais le lendemain d'hier, l'hier de demain.

Seuls deux jours sont identiques à toutes les vies humaines. Celui de la naissance et celui de la mort : le jour de la naissance ne possède pas de passé, le jour de la mort ne possède pas d'avenir. Le reste du décompte n'est qu'un assemblage de jours également identiques l'un par rapport à l'autre, et commun à chaque vie. Le reste n'est que le temps d'une vie.

Ce sont des jours oscillant entre hier et demain à chaque instant. Ce sont des minutes vacillant entre regrets et espoirs. Ce sont des secondes qui basculent sans jamais trouver d'équilibre, la mécanique binaire du 0 et du 1 informatiques, du noir et du blanc, c'est le doute permanent. Chaque jour a le postérieur posé entre deux fauteuils Chesterfield, les accoudoirs comme le doute permanent sont grands. Profiter de l'instant présent est presque impossible. L'instant présent n'existe pas.

C'est à chaque instant le début et la fin. Ainsi, on est mal assis toute sa vie. J'observe la progression perceptible du soleil dans le ciel. Le même soleil qu'hier, le même soleil que demain. Pourtant, le spectacle reste beau, unique. Profiter du soleil, faire une promenade ou manger. J'ai faim. J'ai faim de viande.

Animal vivant d'hier, délice de l'instant, reliquat du corps demain. En ce sens, l'humanité n'est peut-être qu'un élevage comme un autre. Notre vie, celle d'un poulet en batterie. Et le jour de notre mort, celui où la main de l'éleveur, imprévisible, vient saisir une poule au hasard dans la basse-cour.
La Grande Faucheuse n'est peut-être qu'une fermière qui vient plumer un coquelet pour le repas dominical. Ni plus, ni moins. L'homme mort d'hier devient alors, pour l'éleveur, sa pitance du jour, ses excréments du lendemain. Quand nous dévorons un poulet, ce qu'il a dans la tête ne nous intéresse aucunement. Même un poulet malin, chez lequel on pourrait observer une réelle supériorité intellectuelle par rapport à ses congénères, reste un poulet. Son corps est identique à celui de ses voisins de batterie. Nos corps sont identiques. C'est peut-être tout ce qui intéresse l'éleveur au final. Des corps en batterie qui avancent sur un tapis roulant : le temps.
Le cycle de la vie n'est alors plus, à l'observer ainsi, qu'une usine à faire faisander de la viande pour, en bout de chaîne, tomber dans les mains de celui qui nous aura nourris. Pour autant, malgré cette hypothèse glaçante, nous nous accrochons intuitivement chacun à la valeur de notre existence. Grandiose, incontournable, unique. Quant à celle des autres, inconnus, il faut bien reconnaître qu'à les voir gesticuler ou disparaître, nous n'en avons que faire – à part, dans mon cas, pouvoir parfois les inscrire au menu. Que faire encore de ce temps de vie, dans votre cas en ce jour d'anniversaire,

ce point de bascule ? Saviez-vous qu'avant que l'Homme ne domestique les poules il y a plusieurs milliers d'années, les poules sauvages savaient voler ?
J'ai trouvé mon chemin pour échapper à cet élevage. Ce fut là ma meilleure décision. Le temps d'une vie est souvent un combat, mais qui se déroule sur un tapis roulant invisible dont nous ne tenons pas compte. La meilleure des options pour les jours à venir n'est-elle pas de réapprendre à voler, à travers vos actes, pour échapper à cette domestication ?

Amitiés pour le temps qu'il nous reste,

Dr H. L.

Obtenir de l'autre ce que l'on désire

D'après Hannibal Lecter

Will Graham : « J'ai besoin de vos conseils, Docteur. »
Dr Lecter : « Birmingham et Atlanta. Vous aimeriez savoir comment il les choisit, n'est-ce pas ? »
Will Graham : « Je pensais que vous auriez sûrement une idée, et je voulais la connaître. »
Dr Lecter : « Pourquoi vous le dirais-je ? »
Will Graham : « Certaines choses vous font défaut, commedesinstrumentsderecherche,pourquoipasinformatiques, j'en ferais la demande au chef de service. »
Dr Lecter : « Ah oui ! Le Dr Chilton, l'odieux personnage. Il vous tripote les neurones tel un fiévreux pubère déboutonnant un corsage. Souvenez-vous en, Will, notre dernière collaboration s'est achevée dans le plus grand désordre. »
Will Graham : « Vous auriez le droit de consulter le dossier, et je vois une autre raison. »
Dr Lecter : « Je meurs d'envie de l'entendre. »
Will Graham : « Que vous aimeriez relever le défi. Voir si vous êtes plus malin que la personne que je recherche. »
Dr Lecter : « Donc, implicitement, vous vous estimez plus intelligent que moi, dans la mesure où vous m'avez attrapé. »

Will Graham : « Non, je sais bien que ce n'est pas le cas. »
Dr Lecter : « Vous avez réussi, néanmoins. »
Will Graham : « Vous aviez un désavantage. »
Dr Lecter : « Pourrais-je savoir lequel ? »
Will Graham : « Vous êtes cinglé. »
Dr Lecter : « Vous avez le teint hâlé, Will, et vos mains sont abîmées. Ce ne sont plus celles d'un flic [...]. Vous n'obtiendrez pas ce que vous espérez de moi en titillant ma vanité intellectuelle. »
Will Graham : « Ce n'était pas le but. Vous seul décidez de toute façon. »
[...]
Dr Lecter : « Vous n'avez jamais menacé de confisquer mes livres ; confiez-moi le dossier alors, et je vous donnerai mon avis. Je demande une heure pour le lire, et de préférence seul. Ça nous rendrait nostalgique, pour un peu, n'est-ce pas ? »

Dragon rouge, Brett Ratner (2002).

Revenons à cet « échange de bons procédés », dont Hannibal avait imposé l'idée à l'agent Starling lors de leurs discussions dans *Le Silence des agneaux*. Échange de bons procédés, où l'on ne peut rien obtenir des autres sans donner.

Dans cet échange, Will joue sur plusieurs tableaux en utilisant différents leviers pour obtenir les informations et l'aide qu'il désire du Dr Lecter. Pour autant, Hannibal n'est pas dupe, il le contrecarre, le laisse avancer, puis fait un pas de côté. C'est un véritable duel où, tour à tour, l'un va tenter de déstabiliser l'autre psychologiquement, en flattant, en attaquant, en esquivant, en bluffant. Les coups sont rudes, mais aucun des deux adversaires ne veut lâcher. Il leur faut trouver un point d'équilibre, où ni l'un ni l'autre ne se sentira soumis ni lésé. L'enjeu est clair, personne ne peut perdre et tout le monde doit gagner.

Pour obtenir des autres ce que l'on désire, la pure manipulation peut parfois fonctionner, mais c'est miser sur une intelligence que l'on pense inférieure à la nôtre. Le pari est risqué, surtout si l'on ne connaît pas profondément la construction mentale de notre interlocuteur, ni son degré de compréhension des différentes manœuvres de manipulation. Se croire plus intelligent en usant d'une flatterie grossière peut aussi finir par se retourner contre nous. Si notre interlocuteur s'en aperçoit, il peut décider de jouer le jeu pour faire volte-face au dernier instant.

Au-delà de cette tentative, première question à se poser : pourquoi l'autre m'aiderait-il ? Quel intérêt y trouverait-il, au-delà du fait que ce soit un ami proche qui veuille me rendre service ? Ce qui, vous en conviendrez, est rare dans nos vies, notamment professionnelles. Il faut alors proposer une contrepartie intéressante pour notre interlocuteur, ce qui nous demande de bien le connaître, de savoir ce qui pourrait vraiment l'intéresser, et donc de le pousser à nous aider.

Faut-il alors tout donner tout de suite ? Au risque de brûler ses meilleures cartouches dans la négociation ? Pour autant, à viser trop bas dans les centres d'intérêt et les options que nous pouvons échanger en fonction de la demande que nous avons, ne risque-t-on pas de perdre l'espace qui vient de s'entrouvrir, de voir la porte se refermer sur nous ?

Il se peut aussi, comme c'est le cas dans cet échange entre Will et Hannibal, que nous ayons déjà eu affaire à cette personne, que les choses ne se soient pas forcément bien passées, mais malgré tout qu'aujourd'hui, nous ayons besoin à nouveau de son savoir, de ses recommandations, de ses entrées. La négociation risque d'être plus âpre, l'autre étant sur la défensive. Malgré tout, il laissera la porte ouverte pour voir, mais « l'échange de bons procédés » devra alors être à la hauteur des éventuelles rancœurs du passé. À ce stade, la discussion reste ouverte, si tant est qu'elle soit honnête.

Nous pouvons aussi tenter de jouer sur la vanité, l'orgueil, mais au risque d'être déjoué et de piquer l'autre, de lui faire affront comme cela se déroule à un moment dans cette scène, où Will flatte l'intelligence d'Hannibal, et que cela se retourne contre lui. Pourtant, Will ne se démonte pas, et il renvoie Hannibal dans ses filets.

Statu quo.

À cet instant, qui gagne ? Personne. Tout le monde perd, à la fois celui qui vient chercher un savoir, et celui qui veut en obtenir une juste rémunération malgré l'animosité qui les oppose. À ce stade des négociations, chacun doit faire un pas en avant : l'un cède en remettant le dossier quand l'autre reconnaît chez son adversaire, qui aurait pu tenter de le contraindre et le priver de ses livres, une certaine honnêteté intellectuelle.

Obtenir des autres ce que l'on veut, au regard de cet échange, c'est avant tout ne pas jouer. Ne pas tenter des manipulations grossières qui risqueraient de condamner la porte de nos besoins, et ceci définitivement.

Obtenir de l'autre ce que l'on veut, c'est lui offrir une contrepartie à la hauteur de nos attentes personnelles, et qui réponde à ses désirs.

Qui est heureux de se voir offrir un porte-clefs, quand il vient d'acheter une voiture, et que le vendeur n'a cessé de le complimenter sur sa tenue vestimentaire avec la délicatesse d'un char Panzer ? Pourquoi votre patron vous augmenterait-il, si vous n'avez aucun biscuit à lui offrir ? Et que de surcroît, le mois précédent, vous avez déjà négocié – presque imposé en toute « légitimité » – de partir plus tôt chaque soir pour récupérer votre enfant à la sortie de l'école ? On ne peut rien obtenir sans rien donner, et encore moins lorsque l'on croit être dans notre bon droit, comme s'il s'agissait d'un acquis.

Le « parce que je le vaux bien » ou « c'est normal ! » n'est pas un argument suffisant pour obtenir des autres ce que l'on désire. Il n'existe qu'une règle en la matière : une négociation gagnant-gagnant, dont, comme dans cet échange, tout le monde ressortira la tête haute. Vouloir louvoyer, c'est prendre le risque d'en ressortir perdant sur le coup, ou plus tard, quand la personne s'en apercevra.

Au regard de cette perspective,
comment vous sentez-vous à cet instant ? Plutôt…
Hannibal, animal ou cannibale ?

Comme le dit le Dr Lecter en souriant :
« Ceci n'est ni un jeu, ni un test. Il n'est aucune mauvaise réponse, mais un choix de vie. »

Et dans le regard d'Hannibal on peut lire…

« On ne gagne que ce que l'on donne. »

Lettre d'Hannibal

L'avenir

Cher Stéphane,

Il me semble, dans vos propos comme dans d'autres de vos ouvrages, que l'avenir vous obsède. Comme si l'avenir était une fin en soi. Pour les parents inquiets, je le comprends et le conçois. Mais je vais vous donner mon sentiment. Pour décrypter l'avenir, il faut extrapoler légèrement le présent, ce que nous vivons à l'instant. Il m'arrive, comme tous, d'avoir ma crise de conscience. Inutile.
Où se trouve la conscience, où se trouve l'amour ?
Que l'on me donne un plan détaillé du cerveau, afin que je laisse seulement les parties fonctionnelles prendre leurs aises sans cas de conscience. Demain se dessine, pour beaucoup, en gonflant nos capacités tout en ôtant les parties gênantes pour le bon fonctionnement du système. L'être humain augmenté, l'avenir est là… à nos pieds. La promesse tient à ceci : adieu maladies, faiblesses, doutes et vieillesse. Adieu douleurs, laideur, candeur, sagesse…
Augmenter. Augmenter les capacités infinies de l'Homme, et de sa bêtise en guise de pendentif. L'avenir est là, au bout du scalpel pour les plus fortunés, au rabais pour les plus

primitifs et les indigents, les insolvables du système que ces mêmes fortunés doivent tout de même intégrer, pour avoir encore une masse sur laquelle régner. Car sans peuple, pas de roi, sans pauvre, pas de riche, sans malheur, pas de joie. Fébrile équilibre de l'humanité qui ne tient jamais compte des chiffres.

L'équation de l'Humanité est déséquilibrée. À en croire le monde réel, l'équation tient à un riche pour des millions de pauvres, à un athlète pour des milliers de grabataires, à un heureux pour dix suicidaires. C'est cela, l'équation de la réalité humaine, même si l'humanisme crasse d'une poignée de rats sanguinaires de bibliothèque tente encore d'argumenter de manière asthmatique sur l'égalité entre les êtres pour dormir sur leurs deux oreilles. L'avenir sera là, demain, lorsque nous achèterons notre bouteille d'air pour pouvoir respirer, comme aujourd'hui on achète les eaux de source, les bouteilles de lait stérilisé, le bois pour se chauffer, comme les mètres cubes d'air polluable cotés en Bourse. Tout ce qui appartenait à la Terre avant que l'Homme ne vienne se l'approprier.

L'avenir sera là, à détruire encore notre atmosphère demain, en construisant des usines pour packager les bonbonnes d'air à consommer. L'avenir est là, nul besoin de consulter je ne sais quel oracle.

À combien de nouvelles règles, de nouvelles normes, de nouvelles écoles de pensée avez-vous eu à céder au cours de ces dernières années, cher Stéphane ? Juste pour entrer dans le rang ? Être accepté ? Et même, être édité ? Mangez-vous encore du beurre ? Mettez-vous du sucre dans votre café ? Vous fumez, mais combien de temps encore pourrez-vous jouir d'être traité en paria dans cette pseudo-liberté ? Mangez-vous encore de la viande ? Et les cinq fruits et légumes par jour conviennent-ils à vos intestins ou, comme je l'ai lu en souriant, capitulez-vous après la troisième pastèque ingurgitée ? Mieux vaut somme toute rire de ce nombrilisme hygiénique, de cette terreur de la mort comme de la vie.

Il faut bien que chaque génération s'invente une guerre même en carton, avec cet arrière-goût d'enfance de bonbon acidulé, quand tous les jours les Hommes meurent d'inanition, mais que nous tenons à nous réchauffer le cœur de nos si humaines illusions.

Dès aujourd'hui, je vous dis à demain en souriant,

Dr H. L.

La séduction et l'amour

D'après Hannibal Lecter

Dr Lecter : « Le spectacle vous a plu, Commandatore ? »
Commandatore : « Énormément. Allegra, je te présente le Dr Fell, le conservateur de la bibliothèque Capponi. »
Dr Lecter : « *Signora* Pazzi, enchanté. »
Allegra : « Venez-vous d'Amérique, Dr Fell ? »
Dr Lecter : « Pas originellement. J'y ai beaucoup voyagé. »
Allegra : « J'ai toujours rêvé de visiter ce pays. Surtout la Nouvelle-Angleterre. »
Dr Lecter : « J'ai fait de merveilleux repas là-bas. Vous m'avez semblé absorbée par le livret. Ceci pourrait vous amuser. »
Allegra : « Le premier sonnet de Dante… "Cependant qu'il tenait mon cœur entre ses mains, et dans ses bras ma tendre s'était endormie, enveloppée dans un voile…" »
Dr Lecter : « "Il l'éveilla et tremblante et obéissante, ce cœur brûlant elle dut dévorer. M'obligeant désormais de pleurer mon ami." »
Allegra : « Dr Fell, croyez-vous qu'un homme puisse être obsédé à ce point par une femme après une seule rencontre ? »

Dr Lecter : « Serait-il chaque jour, pour elle, tiraillé par la faim, et pourrait-il assouvir cet appétit en la voyant ? J'en suis sûr. Pourrait-elle admettre son infirmité et souffrir pour lui ? Gardez ça, je vous en prie. »

Hannibal, Ridley Scott (2001).

Hannibal est-il capable de sentiments ? Au moins autant que tous les Hommes, si ce n'est plus peut-être, pour vous donner le fond de ma pensée. C'est ainsi qu'il se dévoile dans ce jeu de séduction lorsqu'il dit : « Serait-il chaque jour, pour elle, tiraillé par la faim, et pourrait-il assouvir cet appétit en la voyant ? J'en suis sûr. » Hannibal a une haute image de l'amour, peut-être trop haute pour ses contemporains, peut-être trop haute pour ce que nous en faisons parfois.

D'autre part, il a noué une relation profonde avec Clarice Starling. Une relation qui chemine, progresse dans le cœur de l'un comme de l'autre. Un sentiment qu'elle se refuse à envisager et qui, pourtant, se met à l'obséder malgré sa volonté de traquer Hannibal. Elle prend doucement conscience, au fil de leurs conversations, que la mission qu'elle s'est donnée de stopper le mal à travers Hannibal n'est peut-être pas à l'aune du mal qui l'entoure et se répand en toute impunité chaque jour. Clarice est devenue une muse pour Hannibal au fil du temps : elle l'inspire, non pas seulement par sa beauté, mais surtout par son intégrité et la pureté de son âme. Au regard de la noirceur intérieure des inspecteurs, des psychiatres, de tous ceux qui apparaissent comme les gardiens du temple de la grandeur de l'Homme, drapés dans la laideur de leurs pensées, Clarice apparaît comme l'ange salvateur, celle, peut-être, qui saurait canaliser définitivement la nature profonde d'Hannibal le cannibale.

Apprendre à aimer comme Hannibal ? Avec cette ferveur, cette tension, ce feu, cette animalité ? Laisser de côté la tiédeur des sentiments confortables, pour ne garder que les rencontres qui nous élèvent au sommet de notre être, de notre âme ?

Un rêve que nous caressons tous, un pari parfois tenté. Et dès cet instant, les portes du paradis ou de l'enfer se sont ouvertes pour nous happer. Qui n'a jamais connu cela ? Qui le vit encore, et qui ne s'en est jamais vraiment remis ? Pour sortir après des mois ou des années de souffrance du cercle de l'enfer amoureux, qui n'a tenu pour promesse que celle de nous faire rôtir avec tout notre consentement ? Mais après cela, que restait-il ? Des souvenirs d'abandon, de souffrance, et au mieux le désir de retrouver quelqu'un auprès de qui, même sans grand sentiment, on pourrait se sentir à nouveau vivant, presque apaisé ?

Y avons-nous trouvé ou y trouverons-nous, malgré tout, ce que l'amour nous proposait hier ? Hannibal est un solitaire. Il ne voit dans les femmes que l'amour, et n'a pas besoin d'avoir quelqu'un à ses côtés pour compenser sa solitude, ou son incapacité au bonheur.

Que pensez-vous à présent d'Hannibal, dont la démarche romantique ne relève d'aucun calcul, ni jeu envers Clarice, seulement de l'amour, de l'envie ? Et pourtant, il se doit de la protéger encore : du monde qui l'entoure comme de lui-même. Mais l'amour est-il autre chose que ce sentiment au-delà de tous les autres, ce sens du sacrifice dont il fait preuve quand, à la fin du film *Hannibal,* il se tranche la main ?

« Aimez-vous vraiment, aujourd'hui ? » pourrait nous demander Hannibal, comme il me l'écrit. Si ce n'est pas le cas, peut-être est-il temps de mettre fin à une relation toxique, ou de s'ouvrir au vertige amoureux avec tous ses bonheurs et tous ses risques. C'est notre part animale qui peut nous conférer ce courage. Sommes-nous encore capables, comme Hannibal, de nous trancher la main, au sens figuré, pour nous accorder cette chance encore une fois, tant que nous sommes encore vivants ?

Quel autre cadeau, plus extraordinaire que l'amour, peut nous offrir la vie ?

Au regard de cette perspective,
comment vous sentez-vous à cet instant ? Plutôt…
Hannibal, animal ou cannibale ?

Comme le dit le Dr Lecter en souriant :
« Ceci n'est ni un jeu, ni un test. Il n'est aucune mauvaise réponse, mais un choix de vie. »

Et dans le regard d'Hannibal on peut lire…

« On n'aime pas, on sait. »

Lettre d'Hannibal

L'effet papillon

Cher Stéphane,

Depuis longtemps, les Hommes savent ce qui fait tourner le monde : l'argent et le sexe. L'amour, disons. Et rien non plus n'a malheureusement évolué en ce domaine.
Et encore, l'argent n'est moteur que pour ceux qui n'en ont pas ou peu, mais quand les puissants dont ce n'est plus l'enjeu – et ceci, quelle que soit l'époque – décident de changer la face du monde, ce n'est que sous l'impulsion de la séduction, du sexe et parfois de l'amour. Que l'on s'en remette aux plus récentes comme aux plus anciennes traditions, force est de constater qu'au-delà du sexe et du sentiment, il n'est pas grand moteur qui ait engendré autant d'évolutions dans la vie quotidienne de l'Homme. Que ce soit par amour ou par bas instinct de sommaire fornication, l'Homme a créé, construit, conquis, détruit ou envahi ; bien plus que par ambition, désir de pouvoir ou d'argent.
L'homme a inventé pour plaire, l'homme a bâti pour séduire, l'homme a pu spolier des nations entières pour une simple bretelle de soutien-gorge glissant le long d'une épaule. L'homme a peint des milliers de tableaux pour cette toute petite

étincelle dans le regard d'une femme comme, si souvent, il a composé des musiques et écrit à l'agonie des milliers de pages pour enivrer son âme. Quand l'homme pense avec ce pur instinct de conquête de l'être cher, il construit le monde, c'est bien là tout le paradoxe de cette pulsion chimique éphémère dans le cerveau, qui engendre le sentiment, et de ce bout de viande qui pend lamentablement.

L'effet papillon, qui d'un battement d'ailes d'un côté du globe déclenche un ouragan de l'autre, n'a jamais eu comme moteur que le désir irrépressible d'un homme, qui sera alors capable de tout. Il est de quoi sourire de notre évolution à observer aux quatre coins du monde se déclencher cet effet papillon.

Amicalement,

Dr H. L.

ENTREMETS

*« C'était la devise des médecins romains,
écrite au tableau par son professeur
de médecine légale, le premier jour
des cours : Primum non nocere.
En premier lieu, ne pas nuire. »*

Le Silence des agneaux, Thomas Harris (1990).

Le moteur de la peur

D'après Hannibal Lecter

Dr Lecter : « N'avez-vous jamais vu de sang briller sous la lune, Will ? Il apparaît noir ébène. Si l'envie lui prend de se dévêtir, il est préférable de se trouver à l'abri des regards pour ce genre de fantaisie. »
Will Graham : « Le jardin serait un paramètre essentiel dans le choix de ses victimes ? »
Dr Lecter : « Oh oui ! Et il y en aura bien d'autres, comme vous vous en doutez, des victimes. Ce qui me permet de croire que vous viendrez tailler une bavette régulièrement. »
Will Graham : « Je n'ai pas assez de temps. »
Dr Lecter : « J'en ai. J'en ai à revendre. »
Will Graham : « C'est tout de suite qu'il me faut votre avis. »
Dr Lecter : « Alors, je vous livre celui-ci : sous cette lotion infecte, vous puez la peur. Vous puez la peur, Will, mais sans être un lâche pour autant. Je vous fais peur, mais vous êtes quand même là. Ce garçon timide vous fait peur, lui aussi, cela ne vous empêche pas de le traquer. Un peu de lucidité, Will. Vous m'avez attrapé parce que, vous et moi, nous sommes pareils. Sans notre imagination, nous ne vaudrions guère mieux que les pauvres cancres qui nous entourent. La

peur est le prix de cet instrument. Je peux vous aider à le supporter. »

Dragon rouge, Brett Ratner (2002).

Une fois encore, comme avec l'agent Starling, Hannibal Lecter pourfend l'armure de l'inspecteur Graham pour aborder un nouveau thème. Armure qui protège ce dernier depuis qu'il a failli mourir au moment d'arrêter le Dr Lecter. Armure dont il ne s'est jamais séparé depuis. Armure qui, par là même, l'empêche de reprendre le cours de sa vie.

Derrière elle se trouve la peur de Will, une peur qu'il cache, dont il se protège, mais avec laquelle, même contre sa volonté, il se doit de vivre. Une peur dont il ne soupçonne même pas qu'elle soit source, moteur pour lui. Le problème que soulève ici Hannibal est la véritable origine de cette peur. Il n'a jamais eu peur du Dr Lecteur, pas plus que de la « Petite souris », ce tueur en série qu'il pourchasse dans le volet *Dragon rouge* de la trilogie. À nouveau, le Dr Lecter met en lumière la vérité profonde de son interlocuteur quand, en réalité, c'est de lui-même que Will Graham a peur, à trop bien comprendre les mécanismes d'action et la psychologie des personnes qu'il a traquées jusqu'ici. Il ressent les choses à un degré supérieur, ce qui lui confère un talent exceptionnel d'enquêteur et tout à la fois le glace de stupeur. Est-il comme eux ? Comme Hannibal le cannibale, au fond de lui, quelque part ?

Lutter contre ses peurs, aller malgré tout au-devant de ce qui nous tétanise, n'est-ce pas là la définition même du courage ? Il n'est pas de courage à affronter ce que l'on connaît ou ce que l'on a déjà traversé.

Il n'est pas de courage à affronter plus petit.

Comme il n'est pas de courage à s'asseoir avec suffisance sur ses acquis pour épater la galerie, sans omettre d'en disserter à l'infini. Seule la peur nous fait grandir, seule la peur, le fait d'aller au-delà de nous-même en lui faisant face, nous ouvre les portes de la personne que nous pouvons prétendre être. Il n'est ni facilité ni confort de vie, à regarder en face comme à rester debout devant ce qui nous terrifie. À chacun son angoisse, son traumatisme, sa peur panique, quel que soit le domaine, il n'est aucune règle en la matière. Mais nous nous retrouvons tous, à un moment ou à un autre, au même guichet de nos terreurs personnelles.

Il n'est alors que deux issues : fuir ou se battre, contre soi-même. De cet acte de volonté naît le moteur de la peur. De cet instant, de ce combat, nous pouvons renaître. Plus grand, plus fort, plus en estime de nous-même. Quelle jouissance, quel sentiment de puissance, comme Will, à simplement faire face à nos peurs, pour qu'elles se transforment en force presque surhumaine. Il n'est, chers Lecte(u)rs, d'autre chemin que celui-ci pour nous voir dans le miroir, nous transformer et encore grandir. Le reste n'est que fuite. Et le temps passe, sans que jamais l'horloge de nos vies ne tombe en panne.

On peut ainsi passer toute une vie sans jamais se dresser face à nos peurs les plus intimes. On peut ainsi ne jamais évoluer, ne jamais changer, ne jamais toucher du doigt ce que pourtant la vie nous avait promis. Nous pouvons ainsi couper le moteur du bateau sur lequel on s'est embarqué, et partir pour le reste des années à venir à la dérive.

Hormis une somme conséquente de regrets, à voir des années identiques qui ont défilé, et qui, pour celles à venir encore, ne promettent rien de plus que ce que nous avions, à l'instant où nous avons coupé le contact du moteur, que peut-on attendre dans ces conditions de nos vies à venir ? Sans ce moteur, aussi angoissant soit-il, ce moteur de la peur qui, seul, peut nous pousser à nous dépasser et, un jour, arriver à quai, à nous faire sourire, quel autre levier reste-t-il pour sortir de notre chrysalide et nous transformer en papillon ?

Au regard de cette perspective,
comment vous sentez-vous à cet instant ? Plutôt…
Hannibal, animal ou cannibale ?

Comme le dit le Dr Lecter en souriant :
« Ceci n'est ni un jeu, ni un test. Il n'est aucune mauvaise réponse, mais un choix de vie. »

Et dans le regard d'Hannibal on peut lire…

« À éviter la peur, nous passons à côté de notre vie. »

Lettre d'Hannibal

Les vertiges de la nécessité

Cher Stéphane,

À travers mes mots, lorsque j'ai bousculé ce cher Will pour le guider vers la porte de ce qu'il était en réalité, vous avez mis en évidence ce moteur de la peur qui nous est, à tous, nécessaire. Un moteur beaucoup plus puissant que cet effet de mode qu'est la résilience, déclinée sous toutes ses formes. Car la résilience, en réalité, est un terme plus qu'une réelle faculté. Juste un peu de baume avec lequel se soulager, sans jamais qu'aucune page ne soit tournée. Quand la résilience vient se gargariser à nos oreilles, j'y entends résignation, et non pas combat, moteur, réalisation, acceptation et transcendance de soi dans toute son entièreté. Pour ma part, ce moteur de la peur se rapproche de ce que j'appelle le vertige de la nécessité. On entend parfois, dans les témoignages comme dans les livres d'aujourd'hui, cet écho : « Je me fais du mal à vivre ainsi, je me fais du mal à faire cela. » C'est ce que se disent les personnes qui voudraient vivre autrement, passer un cap, faire autre chose, mais qui ne parviennent pas à accomplir les rêves qu'elles visent. C'est aussi ce que pensent ceux qui viennent de nulle part, et qui se fendent les doigts à gravir chaque échelon, pour aller gratter dans le tiroir du dessus, afin de pouvoir circuler dans des sphères où ils ne sont pas nés. Même dans les histoires de couples, cette pensée s'insinue et persiste : « Je me fais mal à vivre comme ça, avec toi, je me fais mal de n'avoir simplement pas le courage de rester, de partir… » Il n'y a rien de gratuit. Juste accepter ce vertige pour avancer.

Nous nous faisons du mal, tous, mais pourquoi ? Nous nous faisons du mal de ne savoir faire autrement que d'aller chercher ailleurs ce que nous n'avons pas, ou ce qui ne suffit pas ; parfois même, nous en oublions ce que nous avons entre les doigts. Nous nous faisons mal, mais nous n'avons pas le choix. Les insatisfaits se retrouvent au même comptoir que les ambitieux, que les rêveurs, que les mal-nés. Le comptoir lisse où s'épanchent les désirs des égos démesurés, le comptoir sale des pires bêtises que l'on peut commettre, à vouloir atteindre des sommets pour lesquels on n'est pas fait, au pied desquels on n'est pas né.

On naît comme cela, ou pas. On fait avec, on fait surtout ce que l'on peut pour survivre à cet état, à devoir suivre cette nécessité, dont personne ne connaît la finalité. Quand le vertige s'empare de nous, en guise d'échappatoire, nous nous mettons à rêver de vies simples, à croiser des visages souriants, nous nous mettons à désirer de petites joies de chaque instant, minuscules, visibles, présentes. Nous désirons alors être quelqu'un d'autre. Mais, en définitive, quelqu'un avec qui nous ne pourrions vivre, quelqu'un que nous ne pourrions supporter guère plus longtemps que quelques journées, jusqu'à ce que, dans le miroir déformé par la nécessité qui nous pousse, moteur de notre âme, le besoin d'être autre chose reviendrait cogner.

Le premier vertige de la nécessité est le pire, car il ment bien. Il fait croire que l'on s'est trompé. Il a tous les arguments, tous les témoignages des autres vies, il a toutes les récriminations, les jugements, la bonne morale, il a tout pour convaincre et nous amener à abdiquer. Seul le premier a ce pouvoir. Le seul vertige, le seul mirage face auquel il nous faut savoir lutter.

Les autres arrivent par la suite, de manière régulière, presque comme une routine au fil de la vie, un peu fatiguée. On les traverse, mais l'on sait qu'ils ne sont que des coups de lames, même s'ils font saigner, on sait une fois le premier vertige passé qu'ils ne tuent pas. On sait que demain on se relèvera, on sait. C'est là toute la différence. Après le premier vertige, passé le premier effroi, s'installe une petite voix qui ne cesse de répéter par la suite : cela aussi passera… oui, cela aussi passera. Et le lendemain, le monde redevient une grosse pomme à croquer, et les envies, les rêves, les ambitions et le but n'ont fait que grossir, même si l'échelon a été manqué.

« Cela aussi passera, pour le meilleur et pour le pire » : cette phrase est réponse à tout. Elle nous permet d'utiliser

le moteur de nos peurs et d'accepter les vertiges de la nécessité, jusqu'à devenir un autre, notre seule véritable identité.

Avec mes meilleures pensées,

Dr H. L.

L'intuition

D'après Hannibal Lecter

Alors qu'Hannibal tourne en rond dans sa promenade, attaché à une chaîne.

Dr Lecter : « Comment trouvez-vous ma gymnastique de cage, Will ? Mon soi-disant avocat ne cesse de harceler le Dr Chilton afin d'améliorer mon quotidien. Je ne sais pas lequel est le plus fou. »
Will Graham : « Si vous me faisiez profiter de vos lumières, il… »
Dr Lecter : « Le rouge-gorge le plus petit dans une cage met toutes les forces de l'enfer dans sa rage. N'avez-vous jamais été un petit rouge-gorge, Will ? Si bien sûr, vous l'avez été. On ne m'accorde qu'une demi-heure ici par semaine, allons directement à l'essentiel. »
Will Graham : « Je crois qu'il pensait utiliser la pince pour entrer chez eux, mais il y a renoncé. Il a forcé la porte en haut des marches, celle de l'entrée. Il a réveillé M. Jacobi, il a dû le tuer en bas, fichant tout son programme en l'air. Du travail bâclé, rien à voir avec notre homme. »
Dr Lecter : « Sa première fois. Vous êtes trop sévère, il n'a pas encore fait ses armes. N'avez-vous jamais ressenti un accès de panique ? *(Se ruant sur*

lui.) Oui, c'est de cette peur dont je vous parlais. La maîtriser réclame une certaine expérience. Vous l'avez suivie en moi, en cette période de ce que vous avez appelé mes crimes. Votre accident de parcours n'était donc pas lié à une défaillance de perception ou d'instinct, mais plutôt au fait que vous ayez trop attendu pour agir en conséquence. »

Will Graham : « Il doit y avoir de ça. »

Dr Lecter : « Mais aujourd'hui, vous êtes plus avisé. »

Will Graham : « C'est certain. »

Dr Lecter : « Imaginez ce que vous feriez, Will, si vous pouviez remonter dans le temps ? »

Will Graham : « Je vous en mettrais deux dans le crâne avant que vous ayez pu prendre ce couteau. »

Dr Lecter : « Voilà qui est très bien. J'ai le sentiment que vous et moi avons progressé, Will, et c'est aussi ce que notre pèlerin s'applique à faire. Il perfectionne ses méthodes, il évolue sans cesse. Il peaufine. »

Dragon rouge, Brett Ratner (2002).

Will aurait pu arrêter Hannibal, bien avant cette scène effroyable où ils se poignardent mutuellement, si seulement il avait eu foi en son sentiment profond, en sa propre « folie », sa propre intuition en réalité – comme le souligne Hannibal. Will a, contre sa volonté, par conditionnement, réfuté le simple fait que s'il comprenait aussi bien ces tueurs, c'est parce que, d'une certaine manière, il leur ressemblait, non pas dans leur capacité à agir, mais à penser.

Cela lui a presque valu la vie, de refuser d'entendre ce que lui soufflait son intuition, son être le plus profond. Faut-il attendre comme lui cette extrême limite, sur le fil de la vie, pour enfin progresser et être à l'écoute de nous-même, en toute confiance ? Faut-il contrebalancer cette vérité qui jaillit par le mensonge, ce poids du conditionnement que nous avons subi, seul repère auquel nous référer ?

Quand nous ressentons... au fond de nous, nous savons. Il n'est nul besoin de preuve ni d'un quelconque argument rationnel pour nous permettre d'envisager que ce sentiment qui nous fait vibrer n'est autre chose que la réalité de ce qui va advenir. Notre intuition nous parle, hurle à nos oreilles, sans arrêt. Mais combien d'entre nous l'écoutent ? Qui en tient compte quand, tous, nous avons été forgés, normés, programmés et conditionnés à ne suivre et n'entendre que les faits concrets de l'évidence prouvée ? Être cartésien jusqu'au bout des ongles, quand tout peut et doit être démontré. Apprendre et répéter même ce qui est faux comme pour se rassurer, autant de cases à cocher dans la grille de la normalité avant de se décider.

Maigre élément de réflexion, d'outil d'action comme de rempart, que la logique, quand celle-ci ne repose souvent, comme pour les mathématiques, que sur des postulats admis pour faire fonctionner le système. Des postulats qui ne sont que des propositions, qui ne peuvent être démontrées mais qui sont nécessaires à établir une démonstration et, dans notre cas, à prendre une direction, mais parfois sur des bases erronées.

Suivre son intuition n'est pas avancer au doigt mouillé, c'est faire confiance à l'entité profonde qui nous pousse, au-delà de ce que nous faisons de manière rationnelle, consciemment.

Cette part animale que nous étouffons nous parle peut-être à cet instant-là. Car à réfuter d'être animal, nous nous construisons non comme des Hommes, mais comme des machines. À tout vouloir expliquer, jauger, juger, calculer, soupeser avant de décider. À refuser d'écouter cette intuition qui ne nous ment jamais, nous ne sommes pas des Hommes évolués mais de simples marionnettes, qui ânonnent et suivent des absurdités issues des postulats que nous avons appris, suivis, avant de nous-même en édicter de nouveaux. Lorsque les règles de fonctionnement comme de pensée qui ont pu, certes, nous forger, ne sont plus qu'œillères, empêchement et stratégie d'immobilisme, ne faut-il pas revenir au simple guide de vie avec lequel nous sommes nés ?

L'intuition. L'intuition animale dont nous sommes tous dotés, et qui jamais ne nous ment ni ne nous perd à nous emmener sur des chemins qui ne correspondent pas à notre nature profonde. L'intuition qui nous permet de sortir du cadre, de transgresser et de nous mettre sur le chemin de ce qui nous est nécessaire d'apprendre, afin de nous orienter sur la voie pour laquelle nous sommes faits. À ne pas l'écouter, comment s'étonner des échecs, des mauvaises décisions comme des mauvaises directions prises, ou des mauvais partenaires de vie à qui l'on a tout donné ?

On ne peut choisir les ingrédients du bonheur de sa vie comme on fait ses courses en ligne, à suivre les modes, les tendances éphémères qui ne répondent en rien à ce à quoi on aspire, hormis à la grille du rationnel cynique.

Après tant d'expériences de vie, je ne peux que rejoindre Hannibal, lui qui a réalisé que seule notre intuition était capable de nous faire prendre les bonnes décisions. Il n'est d'autre option, malgré les esprits aussi chagrins que cartésiens qui voudront me contredire. Il n'est d'autre option que de suivre notre intuition à tout instant, pour pleinement vivre notre vie. Le reste de nos connaissances ne constitue qu'une poignée de savoir rassurant, et nous l'utiliserons pour nous conforter dans notre décision. En aucun cas notre seule assise logique et cartésienne ne pourra nous aider à décider, du moins à prendre la bonne décision, si nous faisons taire la voix de notre intuition.

Au regard de cette perspective,
comment vous sentez-vous à cet instant ? Plutôt…
Hannibal, animal ou cannibale ?

Comme le dit le Dr Lecter en souriant :
« Ceci n'est ni un jeu, ni un test. Il n'est aucune mauvaise réponse, mais un choix de vie. »

Et dans le regard d'Hannibal on peut lire…

« On sait toujours. Écoutez, acceptez. L'intuition est la mère de notre âme, elle ne nous quitte jamais. »

Lettre d'Hannibal

Le grand mirage

Cher Stéphane,

Et si nos vies n'étaient que mirages ? Sage question que vous vous posez encore aujourd'hui. Parfois, au-delà de ma propre conception des choses de ce monde, je parviens à ouvrir les yeux sur une autre réalité, plus vraie, presque innocente. Pour vivre en tant qu'Homme, il nous faut quitter le monde tel qu'il existe réellement pour en créer un nouveau. Mais, par cette action, nous devenons tous un peu coupables. Coupables de ne pas en respecter les codes et l'équilibre, coupables de notre nombrilisme à vouloir courber la réalité à nos rêveries.

Nous ne faisons pas le monde, nous n'en créons qu'une vision, propre à chacun, aussi déformée et unique soit-elle. En vivant chacun dans notre vision, dans notre monde, comme il est communément admis, nous quittons de fait le vrai monde. Tout ce que nous faisons, créons ou concevons par la suite n'est en accord qu'avec cette vision, ce grand mirage. En aucun cas avec le monde tel qu'il est, tel qu'il était, avant notre regard. Un acte, se trouvant en accord avec une vision personnelle et le monde réel, ne peut être que le fruit du hasard ou d'une

reconnexion entre un Homme et le monde. Un monde dont, paradoxalement, l'Homme est issu.
Au-delà de ses pires méfaits, on peut prendre en considération les innombrables bienfaits que l'Homme a accomplis pour le monde. Autant d'actes volontaires, aussi gratuits et sincères puissent-ils être, mais qui ont souvent fini par se transformer au fil du temps en erreurs, en catastrophes humaines ou faussement naturelles. Autant de décisions prises à un instant donné par un groupe de personnes ayant une vision salutaire du monde sur un sujet précis, en toute bonne foi.
Autant de décisions prises en âme et conscience, qui jamais n'ont tenu compte de ce qu'était vraiment la réalité de notre creuset d'existence. Alors, quelle solution pour notre évolution, puisque nous vivons tous hors du monde et que, malgré notre bonne volonté, nous agissons seulement en fonction du mirage que l'on en a créé ? Il ne s'agit pas d'une illusion collective, mais d'un mirage pour chacun. Et les vies s'assemblent en fonction d'un mirage commun. Où est le bien, où est le mal ; où est le faux, où est le vrai dans ces circonstances ?
Autant de concepts qui évoluent au fil du temps, et qui cimentent les fondements de chaque mirage, prenant des formes, des visages et une importance propre à chaque personne. Il n'est alors plus que des images, des jugements, des idées reçues, autant de certitudes et d'arguments propres à chaque vision qui se durcissent au fil des années, jusqu'au

cloisonnement de pensée et au refus de changer. Nous sommes là bien loin de toute vérité, bien loin du monde tel qu'il est, bien loin de la réalité. Et pourtant nous vivons, mais dans un rêve éveillé.
Le grand mirage de l'Homme est de penser qu'il appartient à la réalité du monde, alors qu'il ne fait que sillonner les océans de la vision qu'il en a.

Bien loin de vous, amitiés,

*D*r *H. L.*

La curiosité et les expériences

D'après Hannibal Lecter

Hannibal Lecter se trouve avec un enfant dans un avion, après sa fuite, et la main tranchée. L'enfant, curieux, observe Hannibal et désigne la boîte contenant la cervelle cuisinée de l'inspecteur.

L'enfant : « Ça, c'est quoi ? »
Hannibal Lecter : « Je ne suis pas sûr que ce soit à ton goût. »
L'enfant : « Ça a l'air bon ! »
Hannibal Lecter : « Ah, mais c'est très bon ! »
L'enfant : « Tu m'en donnes un peu ? »
Hannibal Lecter : « Tu es vraiment un étrange petit garçon. »
L'enfant : « Il n'y avait rien de bon dans ce qu'ils ont amené. »
Hannibal Lecter : « Tu as raison, il n'y a pas de nourriture digne de ce nom dans les avions. Voilà pourquoi j'amène mon plateau. Alors, tu voudrais goûter à quoi ? »
L'enfant lui désigne la cervelle.
Hannibal Lecter : « Ah... oh, je suppose que tu as le droit. Après tout, comme ta mère doit te le dire, la

mienne en tout cas le disait : ce qui est important dans la vie, tu sais, c'est de faire des expériences. »

Hannibal, Ridley Scott (2001).

Doit-on tout expérimenter ? Par soi-même ? De manière innocente comme ce petit garçon ?

Les expériences sont formatrices, quand les connaissances des livres n'amènent souvent qu'un apprentissage théorique, des notions, des savoirs même pointus, mais en aucun cas la réalité tangible d'une expérience de vie. Qui nous donne la liberté de savoir, de tester, d'expérimenter ? Qui nous guide sur le chemin de la curiosité, et de l'expérience personnelle ?

Un entourage, cela arrive pour celles et ceux nés au bon endroit, qui baignent dès leur plus tendre enfance dans une atmosphère de découvertes, soutenue par un cercle de proches ayant conscience de ce moteur puissant pour le développement individuel. Mais hormis ces quelques chanceux de naissance, peu d'entre nous sur Terre ont eu l'opportunité d'être poussés à la nouveauté, à la découverte et simplement à la curiosité.

L'essentiel de notre savoir, pour la plupart, est issu d'une démarche volontaire, d'une réelle appétence à la connaissance, qui nous incite à repousser les capacités physiques et intellectuelles avec lesquelles nous avons vu le jour. Si l'expérience des uns ne sert jamais aux autres, pour autant, être privé de la connaissance dès le plus jeune âge devient un handicap majeur, quand on ne sait ni où ni quoi regarder, ni même à quoi s'intéresser. Seule la curiosité intuitive peut nous venir en aide pour défricher les voies à prendre, les savoirs à assimiler.

Encore faut-il être curieux, se pencher sur les domaines auxquels on n'ose pas même postuler. Avez-vous des regrets dans votre cursus ? Des savoirs, des expériences, des matières que vous auriez aimé étudier ? N'en ayez aucun, il n'est jamais trop tard pour apprendre, savoir et peut-être se réorienter. Poussez encore les murs de tout ce qui vous fait grandir et évoluer.

Seules la méconnaissance et l'inculture de l'endroit d'où l'on vient peuvent nous créer ces fractures et ces handicaps, qu'il nous appartient de combler. Sachez. Soyez ouvert et curieux de tout ce qui peut vous armer dans la vie. Tout ce qui peut vous permettre de gravir les marches et d'avancer.

Les exemples de « gens qui s'en sont sortis » sont légion. On pourrait applaudir l'ascenseur social pour cela, si tant est qu'il existe aujourd'hui. Mais en réalité, dans toutes ces histoires, « ceux qui viennent de nulle part » n'ont jamais réussi à s'extirper de leur condition, pour se hisser au plus haut sommet de leur art et de leur technique, que sous l'effet levier de leur curiosité et de leur travail. Le reste n'est que fables, de jolis contes de fées qui, malheureusement, se multiplient à la vitesse de la lumière dans nos vies en passant par le prisme de la téléréalité et de ses faux succès.

« La curiosité est un vilain défaut », un autre adage qui n'a peut-être jamais eu pour but que de nous maintenir à notre stade, sans aucune évolution possible, sans aucun savoir. Un adage bien rassurant, une arme pour ceux qui veulent dominer. Soyez curieux, soyez heureux, soyez comme Hannibal, à porter un regard un peu élevé, et observez alors la vérité du monde et de ce que vous êtes, à l'aune de ce que vous savez.

Au regard de cette perspective,
comment vous sentez-vous à cet instant ? Plutôt…
Hannibal, animal ou cannibale ?

Comme le dit le Dr Lecter en souriant :
« Ceci n'est ni un jeu, ni un test. Il n'est aucune mauvaise réponse, mais un choix de vie. »

Et dans le regard d'Hannibal on peut lire…

« Si savoir est la clef, il est là un travail de chaque journée. »

Lettre d'Hannibal

Être connecté

Cher Stéphane,

Vous avez relevé, lorsque j'étais à l'opéra, que je m'étais retourné, lorsque j'avais senti le regard pesant du Commandatore qui m'observait pendant la représentation. Comme, d'ailleurs, vous vous êtes étonné lorsque j'avais senti la présence du jeune homme qui me suivait à la nuit tombée dans les rues de Florence, et que j'ai malheureusement dû occire. Vous me questionnez à ce sujet dans votre dernière lettre, en vous demandant si quelque part, j'étais doué d'une forme de sixième sens. Je ne saurais affirmer que ce sixième est lié à ma nature bestiale, mais cela peut rejoindre mon rapport aux mondes – et j'insiste là sur le pluriel, tant cette notion nous est souvent étrangère en tant qu'humains.

Il est compliqué de vous expliquer mon rapport aux mondes.

Je suis comme connecté à une sorte de membrane universelle. Elle se déforme, invente, créée, échange. C'est son but, sa destinée. La même membrane universelle à laquelle chaque être humain est connecté. Beaucoup plus qu'une matrice, elle est le savoir tel que nous le concevons, ce qui représente peu, mais elle est aussi la connaissance absolue de ce que nous ne soupçonnons pas. Rares sont ceux qui trouvent une clef de-ci de-là, pour décoder leur propre entrée sur la membrane. Un nombre infime. Après les efforts d'une vie exceptionnelle, certains arrivent à grappiller quelques miettes de la membrane, à être en phase avec elle. Ce sont les prodiges de l'humanité. Ceux qui laissent un savoir, une œuvre. Neufs. Ce qu'on appelle toucher du doigt l'infini, au-delà de toutes nos considérations humaines. Au-delà de tous nos concepts. Au-delà de tout.

La porte ouverte sur le néant, les yeux rivés sur l'invisible, connecté à la membrane, on peut au mieux perdre la raison, ou se connecter avec un autre être, pas forcément contemporain – pas forcément humain.

On peut comparer cela, avec nos termes étriqués, à une sorte de télépathie, comme une sensation ou une capacité de médium, un phénomène de déjà-vu, une vision, une simple liaison sans fondement, sans argument tangible, sans raison, un simple lien avec un inconnu auquel nous sommes connectés. Cette immensité de l'inconnu que l'on ressent parfois, qui se met en parallèle de nos préoccupations fictives au sein de nos sociétés, ces fourmilières atomiques. Aller loin pour ne pas se contenter : se connecter. L'organisme humain est un équilibre trop fragile pour exister seul, sans lien particulier avec cette membrane. Il est incapable d'accéder à l'éternité et de voir au-delà de sa simple enveloppe corporelle.

Il a sa mission, il l'accomplit, la pensée l'accompagne, elle n'est que peu à côté du corps finalement. Le corps agit. Ce n'est pas la pensée, statique, qui le fait agir. C'est la nécessité.
Qui, du corps, de la pensée ou de cette connexion, est le plus nécessaire à notre réalité ?

Restons connectés,

Dr H. L.

DESSERTS

Hannibal sert un repas au comité de l'orchestre philharmonique, après la « disparition » du flûtiste.

« Vivez chaque jour comme s'il s'agissait du dernier. L'instant béni, qu'on n'attend pas, vient de lui-même comme une bonne surprise. Pour ma part, lorsque vous voudrez rire de bon cœur, vous me trouverez empreint de sérénité, ventru et luisant, tel un goinfre d'épicurien. »

Hannibal Lecter
Dragon rouge, Brett Ratner (2002).

La bienveillance et la considération

D'après Hannibal Lecter

Clarice Starling écoute un enregistrement du Dr Lecter à propos des pigeons.

Dr Lecter : « Il y a les rouleurs de surface, et les rouleurs de profondeur. Mais on ne peut pas accoupler deux rouleurs de profondeur, ou leurs petits fonceront vers le sol, s'écraseront et mourront. L'agent Starling est un rouleur de profondeur, espérons qu'un de ses parents ne l'était pas. »

Hannibal, Ridley Scott (2001).

Un agent : « Agent spécial Starling ? Téléphone. »
Dr Lecter : « Alors, Clarice, est-ce que les agneaux ont cessé de hurler ? »
Clarice Starling : « Dr Lecter ? »
Dr Lecter : « N'essayez pas de repérer l'appel, je ne vous en laisserai pas le temps. »
Clarice Starling : « Où êtes-vous, Docteur ? »
Dr Lecter : « Je n'ai pas l'intention de vous traquer, Clarice, le monde est plus intéressant si vous en faites

partie. Alors, je vous serais reconnaissant de me rendre le même service. »
Clarice Starling : « Vous savez bien que c'est une chose que je ne peux pas promettre. »

Le Silence des agneaux, Jonathan Demme (1991).

Rouleur de profondeur ou rouleur de surface : dans cet extrait, Hannibal se préoccupe en toute sincérité de Clarice et, surtout, de ce qui va lui arriver. Il fait preuve de bienveillance à son égard dans toute la saga, non par confort intellectuel personnel, ni par désir, jeu de séduction, et encore moins pour en retirer un quelconque bénéfice.

Sa démarche est gratuite et dénuée d'intérêt. Il s'intéresse honnêtement à elle, simplement pour l'aider, lui ouvrir les yeux sur la vérité du monde dans lequel elle évolue, et sur la nature profonde de la personne qu'elle est. Hannibal a de la considération pour elle, il fait preuve à son encontre d'une bienveillance au sens le plus noble du terme, car son bien-être lui tient réellement à cœur. Au regard de cette bienveillance de surface qui se déploie dans notre quotidien et qui est parfois devenue un code de bonne conduite que l'on se doit de respecter, Hannibal ne porte-t-il pas dans ses mots, comme dans ses actes, toute la sincérité de la bienveillance, que parfois nos sociétés ont passablement délavée ?

On peut espérer pour les autres, mais la plupart du temps, on espère pour soi en priorité. Un travers devenu presque critiquable aujourd'hui, quand il nous faut sans cesse faire preuve de bons sentiments à tout propos, et encore comprendre, se mettre à la place de l'autre, concevoir ce qui dépasse l'entendement et faire preuve d'empathie. Un travers pourtant si humain, celui de tout d'abord penser à soi, et de ne pas vouloir céder un rein pour soulager un inconnu qui passe.

La société ne nous invite plus, mais nous oblige à être bienveillant envers tout et tout le monde, y compris envers le plus ignoble, le plus horrible. Il faut comprendre, être à l'écoute et s'accommoder de tout, dans un pseudo-confort intellectuel, d'actes ou de situations qui, parfois, nous dérangent. Il nous faut être bienveillant, au risque d'être considéré comme un ignoble égocentrique dépourvu de sentiment. Dans ce jeu de faux-semblants, il y a notre positionnement personnel, mais également celui de celles et ceux que l'on fréquente.

Les autres sont-ils vraiment sincères dans leur écoute, leur compassion à notre égard ? Répondent-ils à ces nouveaux codes de société ou, comme Hannibal, font-ils preuve d'une considération aussi honnête que lui ? Se poser cette question n'est parfois pas un mal, pour éviter les pires écueils de la vie, ceux qui viennent parfois du cercle des plus proches de nos fréquentations.

Comme Hannibal Lecter le dit à l'inspecteur Francesco Pazzi : « La plupart des gens manquent de franchise. Ils se contentent de vous interdire d'avancer dans la vie. Navré, Commandatore, je dis trop souvent ce que je pense[1]. » Désagréable et amer

1. *Hannibal,* Ridley Scott (2001).

constat que nous avons pu faire par moments dans nos vies, quand la confiance que l'on accordait s'est tout à coup évanouie devant cette évidence.

Bienveillance n'est pas toujours honnêteté, considération n'est pas toujours sincérité, quand les grands sentiments se contentent parfois d'être une couche de vernis étanche, qui n'a pour objet que de nous contenir à la place où nous nous trouvons, en dessous, bien en dessous de ce que nous valons. On peut parfois se demander si la bienveillance qui dégouline des prises de position dans les débats télévisés – quel que soit le sujet – ne se limite pas, par moments, à une simple malveillance calculée. On est alors en droit de se demander si à notre échelle, dans notre quotidien, nous sommes tous si bien entourés.

Bien ou mal, reste la « veillance », le fait de veiller sur quelqu'un, mais veille-t-on sur nous pour nous élever, ou pour nous surveiller ? Saine question à se poser individuellement, comme me l'a soufflé Hannibal dans sa dernière lettre, que je vous livre ci-après. La bienveillance est bénéfique lorsqu'elle est bien inspirée, qu'on la reçoit ou qu'on l'offre.

Apprendre à discerner son authenticité peut, dès lors, nous faire grandir comme nous éviter nombre de faux pas, et de temps perdu à surnager. N'en soyez jamais l'esclave, sans pour autant refuser la main tendue avec sincérité, phénomène qui tend à disparaître, quand la bienveillance de façade, elle, ne cesse de se répandre comme une flaque de guimauve aseptisée.

Qui se préoccupe de vous avec sincérité ?

Au regard de cette perspective,
comment vous sentez-vous à cet instant ? Plutôt…
Hannibal, animal ou cannibale ?

Comme le dit le Dr Lecter en souriant :
« Ceci n’est ni un jeu, ni un test. Il n’est aucune mauvaise réponse, mais un choix de vie. »

Et dans le regard d’Hannibal on peut lire…

« Considérer l’autre, être considéré.
Et seul, parfois, s’élever. »

Lettre d'Hannibal

La liste de ceux

Cher Stéphane,

Bienveillance. Le terme n'a cessé de me faire sourire, dans la littérature, les éléments de langage comme dans les attitudes doucereuses de mes contemporains, ces dernières années. Bienveillance, qu'est-ce que cela signifie ?
Est-ce de l'empathie ? De la compréhension, ou simplement de la peur ? Peur de ce que nous ne pouvons ni contenir ni assumer d'être, ou de voir chez les autres ? Soyons un peu honnêtes un instant. Nous ne pouvons être bienveillants qu'avec des personnes, des idées, des faits, des concepts qui se retrouvent alignés avec notre système de valeurs. Sinon, nous mentons. Juste pour nous approprier cette faculté que l'on se doit aujourd'hui de cultiver, même contre notre volonté. Dans ce mensonge bienveillant que nous affichons alors, la langue de bois se déverse, presque pire encore dans son déni, son faux humanisme comme dans son effroi, que la langue de vipère. J'en conviens, la bienveillance est saine, elle peut être une valeur phare, essentielle dans un système de pensée, si tant est qu'elle soit sincère, non calculée pour de bas intérêts

tels que pouvoir circuler et apparaître dans la peau d'un autre, dans les milieux les plus « selects ».
Qui est réellement bienveillant, en vérité, quand à travers cette « capacité », ce trait de caractère que je perçois chez mes contemporains les plus souriants, je ne décèle en réalité qu'une crevasse de l'âme immense qu'ils ne savent combler ?
Bienveillance, telle est l'attitude par moments inhumaine d'un être pensant dépasser sa nature humaine et contemplant l'horizon telle une moule greffée à son rocher. Attitude sagement canalisée par un flot d'anxiolytiques et d'antidépresseurs, que j'ai moi-même prescrits à mes patients d'une certaine époque.
« Étrange conception de la bienveillance », me direz-vous, cher Stéphane, mais cette notion tient-elle toujours lorsque nos propres intérêts et l'équilibre de nos vies sont en danger ?
Hélas, non. Elle s'efface, tel un mirage qui nous a bien occupés, en nous permettant de développer nos penchants les plus humanistes. Qu'il est doux de se sentir bienveillant, sans pour autant avoir eu la moindre once de considération honnête pour la personne ou la situation envisagée.
Faire preuve de bienveillance dans sa vie nécessite d'en avoir les moyens en termes d'équilibre, d'argent et de sécurité. Et la cerise sur le gâteau de cet ego démesuré, ayant tout oublié de son animalité, de sa vérité profonde, c'est la satisfaction que l'on retire personnellement à agir en ce sens. En toute bienveillance, en toute sincérité, qui fait preuve envers vous, aujourd'hui, de ce grand sentiment ? Qui vous aide réellement à avancer ?

Il devient aisé de dénombrer ainsi, dans cette maigre liste, ceux qui vous veulent du bien et ceux qui veulent vous rabaisser pour tenter de s'élever eux-mêmes, ou a minima pour éviter que vous ne les dépassiez. Vos questions témoignent de la considération que vous me portez, mes réponses prouvent cette réelle bienveillance que j'ai pour vous, et sans laquelle je n'aurais pas une seconde à vous accorder.

Avec toute ma considération,

Dr H. L.

La patience

D'après Hannibal Lecter

Dr Lecter : « Je vis dans cette pièce depuis déjà huit ans, Clarice, et je sais que jamais, jamais, ils ne me laisseront sortir d'ici vivant. Tout ce que je veux, c'est une vue. Je veux voir un arbre ou une rivière, je veux une fenêtre, je veux qu'on me transfère dans une prison où je ne verrai plus le Dr Chilton. »

Clarice Starling : « Vous avez dit "tueur débutant", Docteur, est-ce que vous voulez dire qu'il aurait continué à tuer ? »

Dr Lecter : « Je vous offre toute l'étude du comportement de Buffalo Bill, basée sur une enquête minutieuse. Je vais vous aider à le coincer, Clarice. »

Clarice Starling : « Vous savez qui il est, n'est-ce pas ? Docteur, dites-moi qui a décapité votre patient. »

Dr Lecter : « Tout vient à point à qui sait attendre. J'ai attendu, Clarice, mais vous et ce vieux Jacky, combien de temps pourrez-vous attendre ? Notre cher Billy doit déjà être en train de chercher sa prochaine fiancée. »

Le Silence des agneaux, Jonathan Demme (1991).

Patience, qualité ô combien nécessaire quand on se trouve à la place d'Hannibal, claquemuré, sans plus aucun espoir de sortie. Son temps ne se situe pas sur la même échelle que celui de Clarice, dont l'urgence est de découvrir le visage de ce nouveau tueur. Si Hannibal reprend l'adage : « Tout vient à point à qui sait attendre », c'est pour mieux se l'approprier, et se mettre en position de force vis-à-vis de l'agent Starling. Le temps devient, dès lors, une arme dont il se sert en renversant le rapport de force entre eux. Malgré son enfermement, à cet instant, il actionne ce levier qu'est la patience. Cette faculté à faire sien le temps qui s'écoule, jusqu'à le mettre à son service comme ici, jusqu'à le mettre dans la balance pour obtenir ce qu'il désire, une simple fenêtre, une vue, loin, bien loin de cette instance soi-disant médicale et humaniste. Il le sait, il ne peut ni accélérer ni s'extraire totalement des minutes qui défilent, mais il a conscience que, d'une certaine manière, le temps travaille pour lui.

Il ne peut qu'accepter sa condition et s'armer, au sens propre pour une fois, de patience.

Nous vivons tous dans des mondes au temps compressé, des mondes dans lesquels pas une minute ne doit être perdue. Nous fractionnons ainsi les semaines, les heures, les minutes afin de « profiter » au maximum, comme de faire entrer le plus de tâches possibles dans des cases de temps que l'on s'obstine à fractionner encore. Et l'on hache ainsi nos journées, parfois jusqu'aux confins de l'absurde. Ce temps, que l'on croit si précieux, ce temps qui se déroule de manière continue, que personne ne peut arrêter, en devenons-nous maîtres pour autant, à ainsi tenter de l'étirer, de le comprimer ? Jamais. À courir ainsi après ce temps, il s'enfuit entre nos doigts comme la poignée de sable que l'on vient de saisir sur la plage, impossible à retenir, à contenir, impossible à dominer. À courir après ce temps qui s'enfuit, nous ne le vivons pas, mais ne faisons que le subir, jusqu'à l'empêcher parfois d'agir pour notre bien-être.

« Il faut laisser le temps au temps » : nous avons souvent entendu cette petite phrase. Une sentence facile à prononcer, difficile à appliquer tant que nous restons dans un mode de fonctionnement qui nous oblige à considérer le temps comme une matière qui nous échappe, presque comme un ennemi, tant il symbolise le compte à rebours de notre propre disparition annoncée. Plutôt que de courir après ces minutes qui s'envolent sans cesse, jusqu'à finir à bout de souffle chaque soir, pourquoi, comme Hannibal, ne pas se faire un allié de ce temps ?

Patience.

« Il faut laisser le temps faire son œuvre », autre adage bien connu. Mais sommes-nous si enclins à laisser travailler le temps pour nous, quand nous n'avons de cesse de le découper, pour y faire entrer à tous crins ce que l'on considère comme des urgences ?

Le temps peut tout créer, tout permettre, comme effacer toutes les peines – si tant est que nous en fassions notre allié.

Patience : tout arrive, tout peut arriver.

Patience : rien ne sert de forcer les événements quand ce n'est pas leur moment d'apparaître.

Même si la volonté est un puissant moteur pour obtenir ce que l'on désire, sans patience, il n'est que caprices de l'instant, situations chaotiques à forcer les événements, autant de risques pris pour un échec garanti. Les choses arrivent d'elles-mêmes lorsque nous y sommes prêts.

Patience.

Rien ne sert de vouloir rattraper le temps en espérant pouvoir le dépasser car, dans cette mécanique, c'est contre nous-même que nous luttons, contre ce pour quoi nous sommes faits.

Et si la patience devenait votre meilleure amie ? Quand le temps travaille pour vous, et qu'il vous promet d'obtenir au moment opportun ce que vous désirez ? Ne vaut-il pas mieux l'accueillir comme notre allié en toute sérénité, pour qu'au bon moment survienne, sans même plus qu'on l'attende, l'issue, la rencontre ou l'objectif tant convoités ? La patience nous rend maître du temps, maître de notre vie, sans plus jamais passer nos jours comme nos nuits baignés dans l'anxiété.

Au regard de cette perspective,
comment vous sentez-vous à cet instant ? Plutôt…
Hannibal, animal ou cannibale ?

Comme le dit le Dr Lecter en souriant :
« Ceci n'est ni un jeu, ni un test. Il n'est aucune mauvaise réponse, mais un choix de vie. »

Et dans le regard d'Hannibal on peut lire…

« Patience et longueur de temps font plus que force ni que rage, disait La Fontaine. J'ajouterai à cette vérité que la patience est mère de toute liberté. »

Lettre d'Hannibal

Ce qu'il reste

Cher Stéphane,

S'il fallait résumer nos existences, je dirais que, dans la vie, nous n'apprenons que deux choses : l'amour et le travail. Sans être certains de pouvoir les transmettre même à notre propre descendance. Mais l'espace d'une vie, cela nous forge, nous forme, nous pousse, nous emmène, sans plus jamais voir les piques du toréro dont je vous parlais s'abattre sur nous.

Durant cette phase d'une quarantaine voire cinquantaine d'années, une fois extraits du nid de notre jeunesse, et avant que l'automne de la vie ne pointe son nez, l'amour et le travail sont notre bouée comme notre moteur, un phare dans la nuit. Période bénie, pour nous faire cheminer vers notre Graal personnel. Nous n'apprenons rien d'autre dans la vie que l'amour et le travail et, à travers cela, d'être honnête avec nous-même, avec cette nature profonde dont nous parlions.

Travailler pour travailler n'a aucun sens en soi. Il ne s'agit que d'un conditionnement hérité, imposé, ou avec lequel nous avons été empalés, sans plus de sens que d'avoir à nous lever pour aller gaver d'argent ceux qui, directement ou

indirectement, nous ont conditionnés. Je plains ces saigneurs, à cet égard, de n'avoir d'autres attraits pour l'existence.
Je plains également tous ceux, l'immense majorité, qui se sont laissé enliser béatement dans cette mécanique du travail obligatoire, souvenir de sombres années.
Dans la même ligne de pensée, aimer pour aimer n'a aucun sens en soi. Se caser, se placer avant les échéances d'âge édictées, pour les hommes comme pour les femmes. Se marier avant de n'être qu'un produit périmé, juste avant de basculer dans le bac à compost de l'Humanité. Aimer pour aimer se résume alors, dans ce cas, à cocher une case pour intégrer les codes, au bon âge, de la bonne société, et devoir encore, à travers cela, procréer presque contraint et forcé. En aucun cas cela signifie vibrer de son âme, aimer.
Aimer, travailler à ce que l'on désire avant tout autre chose, il n'est d'autre voie à suivre pour ces quelques années d'expérimentation de vie. Le reste du temps ne fait que répéter inlassablement le mensonge ou la vérité de ce que nous avons mis en place, et la manière dont nous nous sommes impliqués pour ces deux entités. Entités oui, et non domaines, tant ce que vous ferez et la personne que vous aimerez ne seront pas des éléments extérieurs à votre système, aussi séduisants puissent-ils être, mais les fondations de ce que vous deviendrez, la marque que vous laisserez. Ne vous trompez pas de chemin, de travail, d'attractions amoureuses,

comme de vérité sur l'amour, car à l'aube des premières rides, ils seront votre sérénité.

En attendant demain,

Dr H. L.

Ne rien regretter

D'après Hannibal Lecter

Lettre d'Hannibal Lecter à l'inspecteur Will Graham.

Mon cher Will,

Vous devez avoir cicatrisé à présent, tout au moins de l'extérieur. J'espère que vous n'êtes pas trop défiguré.
Quelle belle collection de cicatrices cela vous fait !
N'oubliez pas à qui vous devez les plus remarquables, et soyez-en reconnaissant, nos cicatrices ont le mérite de nous rappeler que le passé n'a pas été un rêve.
Nous vivons une époque barbare, n'est-il pas, Will ?
Ni sauvage, ni sage : il n'y a rien de pire que les demi-mesures.
Toute société raisonnable me mettrait à mort ou m'utiliserait comme il se doit.
Rêvez-vous beaucoup, Will ?
Je pense souvent à vous.
Votre vieil ami,

Hannibal Lecter

Dragon rouge, Brett Ratner (2002).

« Nos cicatrices ont le mérite de nous rappeler que le passé n'a pas été un rêve. » Dans cette simple formule qu'adresse Hannibal à Will, tout est dit. La réalité de notre monde, de nos vies et les combats que nous y avons menés. Sans cicatrice, qui pourrait être certain de la réalité de ce qu'il a vécu, tant notre cerveau fait le tri des souvenirs tout en les déformant, pour n'en garder que le meilleur, alors que les années s'empilent ? Faut-il, pour autant, regretter les actions que nous avons menées comme les situations que nous avons subies, qui ont laissé sur notre peau comme sur notre âme ces cicatrices, témoignage indélébile de nos vies ?

Jamais Will n'oubliera Hannibal, pour le pire peut-être, mais, sans lui, que serait-il advenu de sa vie ? De la découverte de sa nature profonde ? Comment aurait-il pu faire face à ses peurs, et se réaliser en tant qu'être complet ? Qui aurait-il été, coupé de lui-même ?

Pour ce qui nous concerne et sans, comme Will, avoir été blessé dans notre chair à de multiples reprises, faut-il attendre la fin de sa vie pour compter nos regrets ? On ne peut regretter que ce que l'on n'a pas fait, pas osé. Mais on ne peut en vouloir aux autres quand nous sommes seuls coupables de nos errements, de nos tergiversations, de nos démissions comme de nos non-décisions. Avoir des regrets, c'est alors se fouetter soi-même, et cela parfois pour de longues années. Des regrets qui ne laissent souvent plus de place à de nouvelles envies, pas plus qu'à une pulsion intellectuelle ou charnelle vers la nouveauté. Il n'est pire ennemi que nous-même en la matière, quand nous ne sommes, à un moment, non pas la somme de nos expériences, mais la somme de nos regrets.

Qui juge quand, en réalité, personne ne se souvient, ni ne tient compte de nos échecs ? Qui juge les mauvais chemins empruntés, et les erreurs commises, à part nous-même ? Faire est le seul moyen de se tromper. Faire est le seul moyen de dessiner de nouvelles cicatrices sur notre peau comme des bleus à notre âme. Mais faut-il, pour autant, gratter chaque cicatrice pour qu'elle se remette à saigner ? Faut-il à ce point regretter ?

Il n'est rien à regretter quand on a tout fait.

Il n'est rien à regretter quand on a tout donné.

Il n'est rien à regretter quand on a été au bout de soi-même.

Nous ne croisons que ce qui nous est nécessaire.

Nous ne vivons que ce que nous pouvons supporter.

Nos cicatrices nous rappellent le chemin parcouru, celui qui a fait naître la personne que nous sommes devenue. Le regret est une forme perverse de la pensée. Ce n'est que le jaillissement de tous les conditionnements dont on a été victime, et qui alors nous emportent quand notre force vive commence à faiblir. Il n'est jamais de regrets à avoir pour les combats perdus qui nous ont construits. Il n'est de regrets à avoir que dans le miroir, quand aucune cicatrice ne vient s'y dessiner, que rien n'a été vécu, que rien n'a été donné.

Au regard de cette perspective,
comment vous sentez-vous à cet instant ? Plutôt…
Hannibal, animal ou cannibale ?

Comme le dit le Dr Lecter en souriant :
« Ceci n'est ni un jeu, ni un test. Il n'est aucune mauvaise réponse, mais un choix de vie. »

Et dans le regard d'Hannibal on peut lire…

« On peut renaître chaque jour.
Regretter, c'est mourir avant d'être né. »

Lettre d'Hannibal

En bout de ligne

Cher Stéphane,

Avant que la page ne se tourne, c'est à mon tour de vous poser une question. Finalement, à travers nos échanges, qu'avez-vous cherché ? Qui cherchez-vous ? Moi, ou vous-même ? Penser que vos lecteurs feront de même est une démarche altruiste que je cautionne. C'est pourquoi, comme vous me l'avez demandé, je vous autorise à publier nos échanges épistolaires dans votre ouvrage, si vous pensez que ces quelques lettres pourront être utiles à ceux qui tiendront votre livre entre les mains sans, par peur d'eux-mêmes, le laisser tomber à terre. Vous me demandez également quel serait mon dernier vœu, ce que je désirerais vraiment aujourd'hui.
Revenir à la surface du monde ? Celui d'où je viens avait déjà si peu de saveur, alors, à observer celui d'aujourd'hui, je ne m'y sentirais que plus décalé encore. Vous vous en apercevrez, peut-être, quand beaucoup de ces lignes que vous avez écrites seront lissées ou coupées pour correspondre à l'air du temps, au moralement accepté. Et même si votre éditeur vous les autorise, il est de fortes chances que ces mêmes lignes, ces mêmes idées soient déformées et interprétées par le prisme

de la normalité acquise, à laquelle on se doit de ne pas déroger.
N'en soyez pas surpris outre mesure, il en va de votre capacité à rester intégré.
Ce que je voudrais vraiment aujourd'hui ?
Je fais le tour de mes pensées, de mon passé. Au regard des années et dans la palette de mes désirs, le visage de Clarice se dessine.
Ce que je voudrais vraiment ? La revoir une dernière fois, assurément. Cela me serait-il octroyé ?
Pour le reste, vous m'avez offert la chance, à travers nos échanges et vos observations, d'apparaître aux yeux du monde dans toute mon entièreté, mon honnêteté, mon intégrité. Je n'en demandais pas tant.
Vous conservant toute mon amitié, je vous souhaite le meilleur pour l'avenir.

Animalement,

Dr H. L.

CAFÉ ET DIGESTIFS

« J'aimerais poursuivre cette conversation,
mais j'ai un vieil ami
pour le dîner. Au revoir. »

Dr Hannibal Lecter
Le Silence des agneaux, Jonathan Demme (1991).

Post-scriptum

Devient-on schizophrène à écrire un livre tel que celui-ci ?

Oui, mais pour la bonne cause, la juste cause comme je le disais, celle de notre vie, sa réalité pleine et entière.

Non, quand Hannibal a été, dans ces pages, le levier qui me permet comme lui d'aller au-delà de moi-même pour mieux dire, mieux vous parler, en tenant compte de toutes les facettes du réel possible, de cette expérience qu'est la vie.

Peut-être, si l'on s'en tient au prisme des sciences molles qui couvrent la compréhension de l'être humain, avec toutes leurs chapelles, leurs doctrines, leurs écoles de pensée, leurs sectarismes, sans oublier finalement leur point commun : cette immense terreur de la mort comme de la vie.

Hannibal pourrait le dire : « Nul ne tient à mourir, alors pourquoi s'empêcher de vivre ? À moitié, sans notre animalité ? »

Pourquoi, alors, ne pas renouer avec certaines de nos pulsions, avec cette part de notre être fort, quand il s'agit là aussi d'une part de notre propre vérité ? Bien sûr, et vous le savez, sans violence ni brutalité.

Mais étouffer cette part de nous, c'est mentir.

Mentir un peu plus chaque jour.

Quand regarder en face l'autre versant de notre personnalité peut nous être utile à l'accepter, à nous accepter, pour nous en servir peut-être comme un nouveau talent, pour ne plus nous mentir et être enfin entiers.

« La vie est trop insaisissable pour les livres, Clarice… »

Hannibal Lecter, docteur en médecine[1]

1. *Le Silence des agneaux*, Thomas Harris (1990).

Hannibal, animal ou cannibale ?

Au regard de cette perspective, comment vous sentez-vous à cet instant ? Plutôt...

Hannibal, animal ou cannibale ?

Comme l'a dit Hannibal Lecter en souriant tout au long de cet ouvrage :
« Ceci n'est ni un jeu, ni un test. Il n'est aucune mauvaise réponse, mais un choix de vie. »

Mais à suivre ces quelques choix, vous découvrirez que :

À rester ouvert, vous gagnez.
À saisir votre opportunité, vous gagnez.
À voir et préserver la beauté du monde, vous gagnez.
À cultiver votre liberté, vous gagnez.
À accepter votre nature profonde, vous gagnez.
À connaître vos véritables moteurs de vie, vous gagnez.
À vivre sans compromis, vous gagnez.
À vous défaire du poids du passé, vous gagnez.

À vous émanciper, vous gagnez.

À tuer le regard des autres, vous gagnez.

À cultiver l'estime de soi, vous gagnez.

À savoir obtenir ce que vous désirez, vous gagnez.

À privilégier l'amour au-dessus de tout, vous gagnez.

À faire de vos peurs un moteur, vous gagnez.

À suivre votre intuition, vous gagnez.

À jauger bienveillance et considération à leur juste valeur, vous gagnez.

À faire de la patience une arme, vous gagnez.

À cultiver curiosité et expériences, vous gagnez.

C'est ce qu'Hannibal m'a appris, ce qu'avec vous je voulais partager.

Avoir faim de vie avant notre fin de vie, c'est le menu auquel Hannibal nous invite, quand accepter notre part d'animalité nous permet d'embrasser la vie en toute honnêteté, dans ses possibles et sa globalité.

À présent comme le dirait Hannibal :
« Bon appétit de vie, chers invités. »

Stéphane Garnier
www.stephanegarnier.com

— *Perles de politique, le retour,* First Éditions, 2022.
— *Chat suffit !,* Éditions de l'Opportun, 2022.
— *Agir et penser comme Arsène Lupin,* Éditions de l'Opportun, 2021.
— *Agir et penser comme le Petit Prince,* version officielle 75e anniversaire, Éditions de l'Opportun, 2021.
— *Clasher comme un super héros !,* Éditions de l'Opportun, 2021.
— *30 jours pour devenir un chat,* Éditions de l'Opportun, 2021.
— *Faites des gosses !,* First éditions, 2021.
— *L'Art (très) délicat des prédictions,* Éditions de l'Opportun, 2021.
— *Agir et penser comme un chat,* poche, Le Livre de poche, 2020.
— *J'ai décidé d'être libre, c'est bon pour la santé,* Éditions Ideo, 2020.
— *Agir et penser comme James Bond,* Éditions de l'Opportun, 2020.
— *Je cartonne à l'oral,* Éditions de l'Opportun, 2020.
— *Espions. Petits et grands secrets,* Éditions de l'Opportun, 2020.
— *Les Meilleurs slogans de manif,* First Éditions, 2020.
— *Légendes à la con* (réédition illustrée), First Éditions, 2020.

— *C'était Chirac,* Éditions de l'Opportun, 2019.

— *Agir et grandir comme un chat,* Albin Michel Jeunesse, 2019.

— *Agir et penser comme un chat. Saison 2,* Éditions de l'Opportun, 2019.

— *J'ai décidé d'être heureux... c'est bon pour la santé,* Éditions Ideo, 2019.

— *Le Chat en 500 citations,* poche, Éditions de l'Opportun, 2019.

— *Karma of cats,* collectif d'auteurs, Sounds true Editions (US), 2019.

— *Péter sans se faire griller,* Éditions Tut-Tut/Éditions Leduc. s, 2019.

— *C'est vraiment trop con de finir comme ça !* Éditions de l'Opportun, 2019.

— *Off – Ta vie commence quand tu raccroches,* Éditions de l'Opportun, 2018.

— *Agir et penser comme un chat – Cahier d'exercices,* Éditions de l'Opportun, 2018.

— *Catissime,* Éditions de l'Opportun, 2018.

— *#Balancetonmacho – Les Oscars de la misogynie,* Éditions Tut-Tut/Éditions Leduc. s, 2018.

— *T'as pris combien ? 9 mois comme tout le monde,* Éditions Tut-Tut/Éditions Leduc. s, 2018.

— *Bienvenue dans Ch'nooord,* Éditions Tut-Tut/ Editions Leduc. s, 2018.

— *Super Radin,* Éditions de l'Opportun, 2017.

— *Agir et penser comme un chat,* Éditions de l'Opportun, 2017.

— *Le Chat en 500 citations*, Éditions de l'Opportun, 2017.

— *Ma vie en mode feignasse* – Fergie & Stéphane Garnier, Éditions de l'Opportun, 2017.

— *Comment le Petit Mélenchon est devenu le plus grand !*, Éditions de l'Opportun, 2017.

— *Légendes à la con*, First Éditions, 2017.

— *La lutte, c'est classe !*, First Éditions, 2016.

— *Perles de politiques*, First Éditions, 2015.

— *Perles de people*, First Éditions, 2015.

— *L'Homme sans contrainte*, Éditions Max Milo/ Alphares, 2014.

— *Il y a l'océan*, TdB Éditions, 2009.

ISBN : 978-2-38015-410-8
Dépôt légal : mars 2022
Achevé d'imprimer en février 2022 en Espagne par Liberdúplex